U0505413

丰碑

湘江战役
纪实

吴清丽　袁博　吴笛

◎

著

上海人民出版社

目 录

序　言

　　红军长征是中国军事史上旷古未有的一次大转移。它挽救了红军，挽救了革命，挽救了党，挽救了中华民族，彰显了中国人民面对巨大困难时执着前行、不畏艰险的非凡勇气。如果说红军长征是震惊世界的壮举，那么，红军突破湘江战役，便是这一壮举中令人瞩目的巨大红色惊叹号，它因惨烈、悲壮和辉煌而格外令人刻骨铭心。

　　湘江战役是百年党史上一座永不磨灭的丰碑。1934年11月27日至12月1日，中央红军在湘江上游广西境内的兴安县、全州县、灌阳县，与国民党苦战5个昼夜，最终突破了国民党军第四道封锁线，粉碎蒋介石围歼中央红军于湘江以东的企图，为中国革命保留了火种和希望。

　　湘江战役，是一个沉重的话题，一页沉重翻不过去的历史，80多年前的湘江两岸，战云密布，人马的嘶吼、机枪的声音，随着东去的江水，渐渐散去，数万头顶红星、怀着坚定理想与信念的青年，静静地躺在古头岭、枫树脚、光华铺、脚山铺的荒山蔓草、河沟野洼间，青史不留名，留下的只有一个个光辉的番号……红八军团、红三军团、红一军团、红五军团、红九军团、红 13 师、红 34 师、少共国际师、红 4 团、红 18 团……

湘江战役，红军付出了巨大代价，五军团和在长征前夕成立的少共国际师损失过半，八军团损失更为惨重，34 师被敌人包围，全体指战员浴血奋战，直到弹尽粮绝，绝大部分同志壮烈牺牲。中央红军从出发时的 8.6 万多人锐减至 3 万多人。湘江战役结束后，整个湘江的水都被血给染红了。为了纪念革命先烈，当地的老百姓流传下"三年不饮湘江水，十年不食湘江鱼"的说法。

沧海横流，方显英雄本色。湘江战役中，那些有名的和无名的红军烈士，用自己血肉之躯诠释着湘江战役精神，红一军团第 2 师第 5 团政委易荡平、红五军团第 34 师师长陈树湘是数万红军将士中的代表。他们在那场生死存亡之战中的悲壮故事被后人铭记和传诵。

易荡平政委，于 1934 年 11 月 30 日指挥所属部队掩护军委纵队渡过湘江，当时红一军团在脚山铺开始对湘军

3个师的阻击战。敌人在10多架飞机掩护下，攻势越来越猛烈，红一军团的前沿阵地相继失守。作为政委的易荡平身负重伤，倒在血泊中。当敌人逼近时，为了不拖累战友，也为了不当俘虏，他毅然命令警卫员向自己开枪。警卫员下不了这个决心，易荡平便一把夺过警卫员手中的枪，果断射向了自己的头颅，时年26岁。

为保证党中央顺利撤离，红五军团第34师师长陈树湘临危受命，带领全体将士奔赴枫树脚，与十倍兵力于己的国民党军战斗。明知此去有死无生，全军将士从上至下没人退缩，争相报名加入队伍，来掩护兄弟们撤离。这是一份沉甸甸的对党忠诚啊！他们没有家庭吗？他们没有亲人吗？他们怎能无情？但他们在面对自己生命和国仇家恨之间的抉择时，都义无反顾地选择了后者，说明他们的思想已上升到了"侠之大者，为国为民"，完美地展现了中华民族血性男儿的英雄气概。

师长陈树湘率领全师与敌人殊死激战四天五夜，最终陷入敌人重重包围。夜幕降临的时候，他指挥部队开始突围，红军将士与迎面扑来的国民党军激战整整3个小时，战斗持续到深夜，红34师的部队被敌人分割成数块。陈树湘带领100多名将士，在向东突围过程中始终无法摆脱敌人重重围堵。直到 12 月 2 日，师政委程翠林和大部分指战员都已经牺牲，陈树湘带领 300 余人与敌人顽强抵抗。在接下来的渡江行动中，部队又遭到敌人袭击，陈树湘腹部中弹，不久落入敌人手中。为了不让敌人得逞，陈树湘趁敌人不备，忍着剧痛，从伤口处伸入腹部抠出肠子，用力绞断，壮烈牺牲，时年 29 岁。

湘江战役，我军发起 3 场大的阻击战，最为惨重的一场就是新圩阻击战。当时情况十分危急，为了保卫中央红军纵队安全渡过湘江，红三军团第 5 师在师长李天佑和政委钟赤兵指挥下，决定在后方阻击敌人，28 日天亮时，红 5 师和桂军 44 师交上火了。敌人在重炮掩护下，向 5 师的前沿阵地发起了猛攻，5 师腹背受敌，情况十分危急，可没有一个战士撤出战斗，因为他们都清楚，渡口就在距离不远的地方，如果后撤一步，就会威胁到整个主力渡江安全。这场战斗，整个师牺牲了 2000 多人，师参谋长胡震和 14 团团长都相继牺牲，甚至有两个团的干部都牺牲了。即使如此，5 师的战士们依旧没有撤出阵地，他们最终坚守到了 30 日清晨。

当时参加湘江战役的还有一支少共国际师，这支队伍全都是由十几岁的孩子组成，战士年龄最大的只有 18 岁，

丰　碑

最小的年仅 14 岁，70% 以上都是共青团员。他们不仅是我军的未来，同时也是革命的希望。少共国际师最惨烈的一仗是在红军到达湘江时，少共国际师奉命一个团直扑鲁塘圩，配合红五军团佯攻，牵制全州方向增援的敌人，另外两个团则在湘西延寿圩一带构筑阵地，阻击敌人 4 个团的追击。少共国际师的将士们和敌人整整打了 5 天的阵地防御战，直到主力部队过江。湘江战役中，少共国际师虽尽全力实现了总部制定的战略意图，但伤亡惨重，据战后统计，全师仅剩 2700 余人。每当回忆起这段历史，人们都会向当年的这些热血青年投以钦佩的目光。可惜的是，他们还没来得及长大，就已经为国牺牲。

风雨浸衣骨更硬，野菜充饥志越坚，官兵一致同甘苦，革命理想高于天。苦难可以摧残人的躯体，战争可以让人丧失生命，但没有任何磨难可以打垮革命战士自始至终的坚定信念。几经挫折，再度奋起，历经磨难淬火成钢。远大理想和革命信念坚定执着，闪耀着火热的光芒。

不忘初心，方得始终。铭记历史，方能照亮未来。岁月虽已远去，但湘江战役的革命星火与红色故事永远镌刻于人们心中。学史明理、学史增信、学史崇德、学史力行。在我们注重学习党史和军史的今天，上海人民出版社推出以湘江战役为题材的这本书，力求用鲜活的文字语言、详细的数据资料、珍贵的照片，全景展现我党我军历史上的经典战例。尽最大可能还原历史的真实瞬间，讲述湘江战役的传奇故事，愿借此与读者共同走近历史、走进历史。

吴清丽

导　语　跨越时代的追忆

2021年4月25日，广西全州雨过风和，红军长征湘江战役纪念园内草木葱茏，静谧肃穆。中共中央总书记、国家主席、中央军委主席习近平缓步走上凭吊广场，前面矗立着高大的红军魂雕像，栩栩如生，展现出红军战士浴血拼杀的动人情景。他仔细整理花篮缎带，深深地鞠躬三次。习主席驻足瞻仰良久。即将离开广场时，面对环绕的群山，习主席稍作停顿，眺望远方，眼中满是眷念。

87年前，这里是湘江战役的主战场，英勇的红军将士顽强阻击敌人，掩护主力安全渡江，无数英烈在此倒下再也没有起来。如今硝烟散去，他们安眠于此，接受后人的缅怀和敬意。

这是习近平主席到广西的第一站。他说："到广西，来全州看一看湘江战役，这是我的一个心愿。这一战，在我脑海里印象是最深刻的，我也讲得最多。"的确，习主席曾多次公开提到湘江战役，2014 年他在古田会议旧址动情地讲述了"红 34 师湘江一战几乎全师牺牲"的历史，2019 年全国"两会"上，习主席再次提到这段历史，他说，一位老红军带领团里的闽西子弟，血战湘江，很多战友都牺牲了。这位老红军说，死后要同战友们长眠在一起。"这个感情在我心里"，"共和国是红色的，不能淡化这个颜色"。

在习近平主席的心中，湘江战役具有特殊的位置，每当他提起，总是饱含深情。他说过，自己也是红军后代，对红军怀着深厚的敬重之情。而这种感情，又在他对湘江战役的关心和怀念中体现得淋漓尽致。

这种感情不仅萦绕在主席的心头，也在许许多多国人的心中荡漾。多年前的一则电影报道让人记忆犹新：2017 年 11 月 1 日傍晚，白日的喧嚣慢慢散去，太平洋彼岸的洛杉矶逐渐沉浸在夜幕中。然而在"天使之城"的郊外，世界电影中心好莱坞正人声鼎沸、灯光闪烁，一年一度的中美电影交流盛会——中美电影节盛大开幕。著名导演陈力徐徐走过红地毯，在聚光灯下微笑着向观众记者致意，由她执导的革命题材电影《血战湘江》三次飘红，接连斩获最佳影片金天使奖、最佳电影配乐奖和年度最具突破表演男演员奖，成为本届盛会的最大赢家。

　　无独有偶，2016年的热播剧《绝命后卫师》同样受到热捧，剧中主角陈树湘的扮演者张桐凭借对角色的生动演绎，成为第31届电视剧"飞天奖"优秀男演员奖得主。该剧以湘江战役为主线，讲述了长征初期，红五军团第34师在师长陈树湘的带领下，全体指战员英勇杀敌、不怕牺牲，坚决完成革命任务，直至战斗到最后一人最后一刻的悲壮故事。这部剧一经播出，好评如潮，引发了观众的热议和共鸣——"革命烈士永垂不朽""观看这部片子心情很沉重，深深为红军战士们的坚定信仰、勇敢的大无畏牺牲精神所震撼，后世子孙将代代怀念你们"，这些成为点赞量最多的评论，特别是红34师师长陈树湘奋战到底，在身负重伤、被敌人抓获的情况下，宁死不屈、绞肠自尽的事迹更是令人动容。"陈树湘，此乃真英雄也！""向英雄师长陈树湘致敬！"

　　这两部文艺作品之所以能够人气爆棚、大获成功，除了得益于资深导演的艺术创作和实力演员的精湛演技，更在于选择了一个感人肺腑、直击灵魂的题材——湘江战役。业界的认可、市场的选择，其背后都是群众的呼声，它折射的是人们对历史的铭记、对烈士的缅怀，更体现出对英雄的无限崇敬。

如果说，一个英雄足以使一段历史熠熠生辉；那么，当数不清的英雄集中涌现，这段历史便足以称为史诗。

"壮烈啊！陈树湘是牺牲英雄中很典型的一个。"习近平主席在油画《陈树湘》前感叹。这幅油画是红军长征湘江战役纪念馆中最感人的作品之一，习近平主席对"陈树湘"的凝视，是一位为了民族强起来而呕心沥血的领袖对一位为了民族站起来而舍弃生命的英雄的崇敬。

英雄是创造历史的人，也是见证历史的人，不到百年，无数个时代的英雄历经苦难，成就了中华民族的辉煌，我们的民族不再是处处挨打任人宰割，我们的党不再疲于奔命夹缝求生。

时代之变，变的是面貌，不变的是精神。

"当时真是危险啊！试想，如果没有这么一批勇往直前、舍生忘死的红军将士，红军怎么可能冲出敌人的封锁线，而且冲出去付出了那么大的牺牲，还没有溃散。靠的是什么？靠的正是理想信念的力量！"习主席在谈到湘江战役时说："革命理想高于天。正是因为红军是一支有理想信念的革命军队，才能视死如归、向死而生、一往无前、绝境重生，迸发出不被一切敌人压倒而是压倒一切敌人的英

丰碑

雄气概。为什么中国革命在别人看来是不可能成功的情况下居然成功了？成功的奥秘就在这里。"

历史渐行渐远，精神越走越近，伟大的中国共产党已经走过百年光辉历程，在实现中华民族伟大复兴的征程中，重温革命的历史是必修课，勇往直前的精神是必需品。习主席说："我们对实现下一个百年奋斗目标、实现中华民族伟大复兴就应该抱有这样的必胜信念。困难再大，想想红军长征，想想湘江血战。""共产党领导的红军，血战湘江，杀出一条血路，又经过浴血奋斗，成立了新中国。现在，还实现了全面小康。但我们不满足于此，中国共产党把成立一百周年作为一个新的征程的起点，奔向另一个百年奋斗目标，那就是中华人民共和国成立一百周年，把我们国家建设成为社会主义现代化强国，进而实现中华民族伟大复兴。"

现在，我们再次还原那段难忘的历史，目的就是为读者打开一扇了解湘江战役、与革命英雄对话的窗，从中汲取不忘初心、接续奋斗的精神营养，在无数个平凡岗位上续写英雄未了的诗篇。

被动转移多磨难

★ 一

神圣的土地自由谁人敢侵?

红色政权哪个敢蹂躏?啊!

铁拳等着法西斯的国民党,

我们是红色的战士,拼!

直到最后一个人!

1934年10月10日,唱着嘹亮激昂的战斗歌曲《直到最后一个人》,一支8万多人的队伍正列队行进。这支队伍由中央苏区红军组成,他们中绝大多数都是稚嫩的面孔,许多人刚刚踏上革命道路。虽然缺乏战斗经验,但他们心怀理想、斗志昂扬、朝气蓬勃。

此次惜别艰苦创业的中央苏区,是迫不得已的。三年来,共产党向赣闽粤边区发出"一切为了前线上的胜利"口号,对革命事业进行了广泛的宣传动员,广大边区群众热烈拥护,革命根据地不断扩展,红军队伍不断壮大,红色旗帜在此深深扎根。以此为基础,英勇善战的红军连续击溃了敌人四次"围剿"。然而，蒋介石在随后的"围剿"中，一改前期速决战、长驱直入战术，变为持久战、堡垒主义战术，企图不断消耗我储备物资、有生力量和精神意志。与此同时，党中央和中央革命军事委员会（以下简称"军委"）在全党全军推行"左"倾教条主义路线。1934年1月召开的中共六届五中全会，党中央错误估计了形势，认为"中国革命危机已到了新的尖锐的阶段——直接革命形势在中国存在着"，第五次反"围剿"是"争取中国革命完全胜利的斗争"，认为这次斗争将决定中国的"革命道路与殖民地道路之间谁战胜谁的问题"，这一错误路线在军事斗争中得到了彻底的贯彻。博古、李德抛弃了前几次反"围剿"的成功经验，取消了游击战的方针，否定了毛泽东关于积极防御、灵活机动战术战法的建议，在军事指挥中固执地专守防御路线，并且以阵地战代替运动战，搞"短促突击"，试图"守住中央苏区的每一寸土地"，这种与敌人正面拼消耗的做法正中敌人下怀，不能完全阻止敌人，更不能击败敌人。在干部任用上也盲目强调"工人"成分，许多工人出身的干部还没有经受过战争历练，能力也没有得到有效检验，就被提拔到高级领导岗位上，严重影响了军队战斗力，红军由此不出意料地陷入长期被动的苦战，

丰　碑

打破敌人"围剿"的良机一次次丧失，革命形势急转直下。

多年后，朱德在编写红军一军团史座谈会上回顾了五次反"围剿"的经验教训，他谈道：

一、二、三次反"围剿"，是中国很好的革命战争经验。主要一点在于依靠群众……

这一胜利以后，党中央就冲昏了头脑……作出了《由于工农红军冲破第三次"围剿"及革命危机逐渐成熟而产生的党的紧急任务》的决议，提出要"争取革命在一省或数省首先胜利的前途"，取消游击战争的方针，要打大城市……不久，军事上由教条主义出来负责，方向从此又搞错了。红军三大任务，改作只剩下了一个打仗，不做群众工作，不筹款，因此就脱离了群众，又保障不了供给。以后红一军团虽也打了很多好仗，但今天看来，很多都是空打的。第四次反"围剿"时，因为有前三次反"围剿"经验，所以还打了一些胜仗，但教条主义已经把红军削弱，把游击队吃掉。在军队组成上，只盲目地强调"成分"，对于工人干部，不问其能力、经验如何，把他们提到师、军级的领导岗位上，而全不知我们在农村绝没有许多工人参加红军的实际事实。教条主义的特点，就是不从实际出发，不从中国情况出发，而是从苏联情况出发，从主观愿望出发。不晓得要把我们这样一支军队，完完全全变成一支象苏联红军一模一样的军队，是绝对不可能的。

第五次反"围剿"，就更坏了，完全是洋教条，把过去苏区反"围剿"的经验抛得干干净净。硬搬世界大战的一套，打堡垒战，搞短促突击，不了解自己家务有多大，硬干硬拚。军事上的教条主义，伴随着其他方面的教条主义，使革命受到严重损失。①

刘少奇曾在中共八大报告中回顾那段时期：

特别是一九三一年到一九三四年期间统治全党的以王明、博古等同志为首的"左"倾机会主义者，不但没有接受过去几次错误路线的教训，而且由于他们的教条主义的思想方法和横蛮武断的作风，把主观主义和宗派主义的错误发展到了党的历史上空前未有的地步。他们完全不顾……敌我力量对比的客观形势，在政治上和军事上都采

---

① 朱德：《在编写红一军团史座谈会上的讲话》，载《朱德选集》，人民出版社1983年版，第131—132页。

取了极端冒险的政策，在党内生活上也完全破坏了党内的民主制度，发展了过火的党内斗争。他们的错误领导，使革命斗争遭到严重的失败，使当时的革命根据地和工农红军损失了百分之九十，国民党统治区的党组织和党领导下的革命组织几乎损失了百分之百。①

　　最终，第五次反"围剿"失败。1934年10月，党中央猝然决定离开中央革命根据地。这一决策之所以被称为"猝然"，是因为如此重大的决策并没有经过广泛的讨论，党内军内许多高层干部也仅在临行前才惊讶地收到这一突如其来的消息。红军到底为什么离开中央苏区？究竟要到哪里去？应该执行怎样的战略任务和策略方法？中央始终没有作出解释，广大指战员都是一头雾水。同时由于并未提前通报，从苏区转移到白区，从阵地战转移到运动战，红军将士们在没有必要的休养兵力与整顿训练的情况下，就匆匆踏上了前途迷茫的漫漫征程。

　　由于准备不足，红军对湘桂两省交界的地形不熟悉，

---

① 刘少奇：《在中国共产党第八次全国代表大会上的政治报告》，载《刘少奇选集》下卷，人民出版社1985年版，第266—267页。

结果在山林中摸索了许久，耽误了时间。这在湘江战役分秒必争的紧迫形势下，造成了无法挽回的损失，致使熟悉地形的桂军一早便占据了地利之便，给红军造成了很大困难。

按照党中央和军委的意图，转移目的十分明确，就是沿着红二、六军团走过的路线，前去与两军团会合。作为当时党的最高领导人，博古认为，只有与红二、六军团会合，把所有携带的物资行李放下，才能真正展开作战。因而按照他的部署，红一军团为左路前卫，三军团为右路前卫，八、九军团分居两侧后方，五军团为后卫屏障，负责阻击追击之敌。这是一种消极避战的阵形，看似多面分兵把守，毫无破绽，实则犯了兵家之大忌。一方面，长期执行一种战术，且在行军路线上直来直往，机械呆板，使本方战术战法完全可预料、无秘密地暴露在敌方的视野和攻击范围内；另一方面，平均用兵、固定用兵，使得本就在兵力装备上远远落后于敌的我军，看似面面铜墙铁壁、坚固可靠，实则面面兵力薄弱、危机四伏。对这种行军方式，刘伯承称之为"甬道"，毛泽东斥其为"叫花子搬家"。

这是一段漫长而艰辛的行程，为了隐蔽行军，红军白天休息，晚上行军，不走大道，专走羊肠小路，山中

　　　　　　　　　　　　　　　　　丰　碑

道路十分狭窄、蜿蜒曲折、高低不平，遇到大风尘土漫天，遇到下雨泥泞不堪。且由于上级并未明确去向、目的及需要准备的装备物品，临出发前战士们只得将大部分物资不加区分地胡乱打包，既有兵工厂的车床、印刷厂的石板、看病用的X光机，也有磨米的石磨、文书档案、印钞机等，满是瓶瓶罐罐、零碎家当，声势浩大，光是雇用的挑夫和筹集的骡马，就组成了一支辎重庞杂的队伍，远远看去，这不像是一支军队，更像是一群搬运工，好像红军并不知道自己处于危机四伏的境地、不知道敌人正从四面八方追击而来一样，四平八稳地如蜗牛般缓慢行军。这种做法完全抛弃了我军一贯坚持的灵活机动战略战术，与当时的战场环境和作战目的完全不相吻合。据载，当时红军队伍中仅挑夫就有数千人，担子3000余，很多笨重且非打仗必需的物资甚至需要几个人抬着走。这些不舍得扔掉的累赘辎重，为红军自身陷入困境埋下了祸根，最终在激战时被迫丢下。当时参战的莫文骅曾回忆，许多军事手册、地图、马克思列宁主义著作，以及关于战略、农耕等关乎革命各个方面看起来必需的思想武器，凌乱地、残缺地散落在泥泞的土地上，"全部都被抛弃了"。湘江战役结束后，在桂黄公路至湘江一线，到处是红军渡河时丢下的枪械零件、印刷机、纸张、坛坛罐罐等，一片狼藉。

由于队伍庞大、路不好走，将士们一路行进缓慢。敌人并未放弃对红军的"追剿"，他们走大道行进快，一旦嗅到红军的踪迹，就疯狂追击而来。呼啸的敌机在头顶上一边盘旋侦查，一边俯冲攻击，飞机上不停地抛下狂妄叫嚣要消灭红军的反革命传单。

面对怎么也摆脱不掉的敌人，一路上红军饱受困扰，只能被动还击，他们缺少休息甚至无暇吃饭，身边炮火轰鸣、尘烟四起，不断有战友掉队甚至倒下，身体和精神上的极度疲劳严重困扰着将士们。庆幸的是，尽管身后的敌人如豺狼虎豹般追咬，但因行军意图并没有暴露，蒋介石捉摸不透红军的方向和路线，费尽心思设计的封锁线，本想如钢铁锁链般扼住红军喉咙，却无奈屡屡徒劳无功。红军在一个月时间内接连突破了国民党军三道封锁线，其间只有伤亡不大的零星冲突，并没有发生大规模激烈战斗，也未付出多大消耗。按照预定计划，红军队伍下一步将渡过湘江，与红二、六军团成功会合。

湘江是长江支流，源自广西，主干经湖南，流域面积近一万平方公里。上游水流较急，中下游则水流平缓，自古以来就是华南一带特别是两湖两广地区重要水路运输线路。其得名有一美丽传说，称八仙之一的韩湘子驾蟾蜍至广东潮州府途中，从云头俯见清流婉转，如七仙姑所织五彩玉带，细看流连忘返，所驾蟾蜍竟已化为蛤蟆留驻河边，自此人们称此河为湘江。

然而现实却并不像传说这样"美丽"。随着红军突破敌军第三道封锁线，蒋介石终于摸清了红军西进意图。对于蒋介石来说，这是一次绝佳机会，他以为兵多将广、装备精良，又有碉堡数百，外加湘江天险屏护，十分自信能在此一举彻底消灭红军。为此，他亲自飞赴南昌坐镇，并于 1934 年 11 月 17 日颁布"湘水以西地域'剿匪'计划大纲"，要求湖南、贵州、广西各路军阀及中央军部队，一旦红军渡过"湘、漓水以西，各军即迅就预定之地域，相机堵剿"，"原任追击之部队，即穷匪所至，追截抄袭，与各守略部队，联合兜剿"。

他任命湘军将领何键为"追剿"军总司令，并专门以亲笔信勉励何键，望其不负所望："芸樵兄勋鉴：今委兄以大任，勿负党国之重托，党国命运在此一役，望全力督剿。并录古诗一首相勉：昨夜秋风入汉关，朔云边月满西山；更催飞将追骄虏，莫遣沙场匹马还。"收到亲笔信的还有另一路指挥薛岳，蒋介石特意强调："赤匪此次西窜……朱、毛确在军中。歼灭此股，关系国家成败，应特加注意，倍加奋勇……我军要人人同仇敌忾，树立灭匪雄心；为个人建立殊勋，为国家开太平之信念……"蒋介石勉励薛岳"剿贼建功"，由此可见他对此次行动抱有极大希望。

何键已然被蒋介石激发了"雄心壮志"，为此他多次发布通电鼓舞将士，更提出了"捕获：朱德、彭德怀、毛泽东、周恩来、李特者，除照行营规定赏外，每各加奖五万元"。并于11月16日召集参与"围剿"的各路军阀将领会商计划。会议认为应"利用湘江地障，一面猛追，一面猛堵，以强有力之一部，协同广西友军追击，并先占道县，另一部机动于祁阳、零陵、全州间作战略预备，以防共军取道零陵北进；俟在湘江将其击破后，加以追歼"。

随后近40万国民党大军兵分5路纵队，精心布设为一个以湘军和桂军分居两侧夹击、中央军和粤军尾追配合，至湘江一线妄图集中消灭红军的口袋形"剿阵"。具体安排为：刘建绪率领湘军4个师共6万余人为第一纵队，开赴全州，与桂系15军夏威部共同负责正面堵截；薛岳指挥中央军吴奇伟部2个师共3万余人为第二纵队，在零陵、黄沙河一线侧翼攻击；周浑元指挥中央军3个师共6万余人为第三纵队，李云杰率领湘军 2 个师 2 万余人为第四纵队，共同负责在红军预定行军路线北侧攻击；李韫珩率领湘军 1 万余人为第五纵队，从东面压迫攻击红军。除此以外，中央军 3 个师外加一个机动纵队共计 6 万人，由薛岳任指挥官，协调吴奇伟一部在湘桂公路上阻击红军北上，桂系 2 个军 12 万人在桂北正面截堵红军，8 万粤军则在陈济棠率领下继续在红军侧后追赶。

湘江东岸，沿湘桂边界，由南向北呈"品"字形分别坐落着灌阳、兴安、全州三县，兴安位于湘江上游，灌阳在兴安以东、全州以南，全州最北。无论是国民党军"围剿"还是红军突围过江，都必须牢牢掌握此三县主动权。为了确保三县万无一失，湘桂军阀达成了"全州协议"。这一协议规定了湘军与桂军的防线划分：双方均以黄沙河为界，湘军负责衡阳、零陵、东安至黄沙河（含）一线的防御，而桂军负责兴安、全州、灌阳至黄沙河（不含）一线的防御，这样全州的防务就由湘军转交给了桂军。

虽然两系军阀达成了协议，但两者的合作并非铁板一块。自北伐成功以来，虽然名义上蒋介石是国民政府主席、国民革命军总司令，手握军政最高权柄。但全国各地军阀仍然牢牢把持着数十万大军，辖域辽阔，力量雄厚，他们割据一方、划地为王，看似全国一统的局面，实则形聚神散、分裂割据，各有自己的小算盘。其中包括辖河南、山东、陕西、甘肃、青海、宁夏等省的冯玉祥一部，辖山西、察哈尔、绥远乃至部分平津地区的阎锡山一部，以及东北张学良等，被要求参加此次"围剿"的白崇禧一直深耕广西，是一股不可小觑的地方割据力量。

蒋介石和白崇禧颇有一些不一般的关系。北伐之初，蒋介石曾专程从广西"借"白崇禧出任北伐军副总参谋长，其间又以白为东路军前敌总指挥，连战连捷。特别在四一二反革命政变中，白更是充当了蒋介石的急先锋和刽子手。然而这段"蜜月期"十分短暂，四一二反革命政变后不久，白崇禧就联合李宗仁等军阀举兵反蒋，双方多次爆发战争，江南一带一度陷入混战。

正是这种反复无常、时近时远的关系，使得双方缺乏信任，只是在"围剿"红军过程中，蒋介石不得不寻求白崇禧配合，然而白崇禧却始终对蒋介石不放心，毕竟蒋桂战争休战不久，这样大费周章地要求桂军主力参与"围剿"，白崇禧担心此中有诈：蒋军第五次"围剿"，把过去的纯军事战改为总体战……窥其意图，企欲力逼红军南下，随后中央军跟踪追击，借此统一西南，达到其一箭双雕的

丰　碑

目的。11月上旬，李宗仁、白崇禧在南宁召开会议，分析红军实力远在桂军之上，如遵蒋命死扛，则必受重创甚至被吃掉，广西将被红军甚至蒋军占据，由此制定了对红军不拦头、不斩腰、只击尾的"送客"策略，表面上对蒋介石安排"遵命办理"，实际上主要行动在于防备红军和国民党中央军借机入桂。且就在10月上旬，广东军阀陈济棠就曾同红军秘密签订"让路"协定，可以说是作了"示范"。

红军也摸准了白崇禧对蒋介石的猜忌之心，特意于11月18日抽调部分兵力猛攻白崇禧在富川、贺县之间的白芒营，造出欲取桂林梧州，掉转"船头"入广西的声势，这击中了白的"命门"，给了他难得的"撤退借口"。恰此期间白崇禧收到其安插在南京国民政府的密线来报，称蒋已定下以压迫红军为契机，一举除掉红军、桂军、粤军的毒计。这更加印证了白崇禧的猜疑，坚定了他南撤的决心。他盘算着让主力回撤广西大本营，既可以防止红军大举进攻广西，又可以防止蒋介石南下借机削弱桂军、插足广西，可以说是保存实力和地盘的唯一选择。

11月20日，白崇禧向何键发电，称"此次共匪全力西窜，敝省首当其冲，兵单力薄，兼顾未能。当我富川、贺县、龙虎关吃紧，诚恐共匪绕西南西窜，如入无人之境，则敝省负责更大，故将主力转移"。并言明防务所遗由湘军填充。两天后，白崇禧部署在石塘圩南北地区的桂系第四集团军44师和24师不等何键回复，就匆匆南撤至灌阳、新圩附近一线，重新构设阵地、监视红军动向。何键收到这份电报后也"耍起心眼"，一方面特意延后4天才将部队南移补空，并向蒋介石发电指责桂军让防线"门户洞开，任匪长扬而去"；另一方面却仍留出了全州、兴安一线60公里成为防务空白，实则担心红军借机入湘。这样，红军摸准白崇禧、何键的自保心理，略施巧计就推动二人达成了配合红军、为我所用的心照不宣的"默契"，由此为红军赢得了22日至26日的黄金时间。这几日全州仅有民团负责防务，可谓几近畅通。

11月22日，红军先头部队先期抵达全州，发现此时全州几乎是一座不设防的空城，然而由于先头部队上报延误。25日，博古、李德才以党中央和军委名义对红军下达了攻占全州的命令。

时任红一军团政委的聂荣臻后来回忆：

本来，当十一月十六日我五团攻占临武，敌人弃守蓝山，我军继续向江华、永明（今江永）方向开进时，白崇

丰　碑

禧一度命他的部队退守龙虎关和恭城，用意是既防止红军也防止蒋介石军队进广西。这时白崇禧部已经撤走，湘敌刘建绪部还没有赶到全州，灌阳、湘江一线空虚得很，如果我们能抓住这一有利时机，没有那么多坛坛罐罐的拖累，是完全可以先敌到达湘江，抢先渡过湘江的。但我们丧失了这个宝贵的时机。直到十一月二十五日军委才发布命令，我军兵分两路渡江，这时的湘江就很难渡了。①

遗憾之情溢于言表。这充分说明，时间是战争最宝贵资源，古往今来都是如此，如果上级指挥员不能在有利于我方行动最佳时间内作出决策部署，将会给整个部队带来不可估量损失。

11月25日，党中央下发《中共中央及总政治部关于野战军进行突破国民党军第四道封锁线战役渡过湘江的政治命令》：

（致一、三、五、八、九军团，二纵队）

各兵团首长：

一、我野战军即将进行新的最复杂的战役，要在敌人

---

① 《聂荣臻元帅回忆录》，解放军出版社 2005 年版，第 177—178 页。

优势兵力及其部份的完成其阻我西渡的部署条件下，来突破敌人之第四道封锁线并渡过湘江……野战军应粉碎前进路上敌人之抵抗与击溃向我翼侧进攻及尾追之敌，任务是复杂与艰巨的。但由于敌我部队质量之悬殊，我工农红军之顽强坚决、忍苦耐劳，可断言胜利是属于我们的。

二、为着胜利的进行这次战役，要求野战军全部人员最英勇坚决而不顾一切的行动。进攻部队应最坚决果断的粉碎前进路上之一切抵抗，并征服一切天然的和敌人设置的障碍，掩护部队应不顾一切阻止及部份的扑灭尾追之敌。各兵团应不断的注意自己翼侧之安全，如敌人向我翼侧进攻时，应机断专行的坚决击溃之。同时，不应离开、放弃完成自己的前进道路。

……①

当天下午5时，军委主席朱德又下达了红军向全州、兴安西北之黄山地域进军的作战命令，部署野战军分4个纵队前进：

---

① 中国工农红军长征史料丛书编审委员会编：《中国工农红军长征史料丛书·文献（1）》，解放军出版社2016年版，第158页。

（A）一军团主力为第一纵队，沿道州、蒋家岭、文市向全州以南前进。

（B）一军团一个师、军委第一纵队及五军团（缺一个师）为第二纵队，经雷口关或永安关及文市以南前进，以后则依侦察结果决定前进路线。

（C）三军团、军委二纵队及五军团一个师为第三纵队，经小坪、邓家源向灌阳山道前进，相机占领该城，以后则向兴安前进。

（D）八、九军团为第四纵队，经永明（如不能占领永明，则从北绕过之）、三峰山向灌阳、兴安县道前进。①

按照这一命令，27 日晚，负责在左翼行进的红三军团第 4 师已占领光华铺，第 5 师已占领新圩、马渡桥，负责右翼的红一军团占领脚山铺，红五军团则按既定计划边打边撤，负责断后。就此，红军各路已按部署占据相应阵地，为后续中央纵队过江构建了安全屏障。

① 中国工农红军长征史料丛书编审委员会编：《中国工农红军长征史料丛书·文献（1）》，解放军出版社 2016 年版，第 160—161 页。

事实上，中央纵队在 27 日已抵达文市、桂岩。此地距最近的湘江渡口不足 55 公里，且敌人尚未完全形成夹击之势，如此时当机立断，果断渡江，必将大大减少损失，湘江战役或许不会成为我军历史上一次刻骨铭心的惨痛回忆。这实质上是一场分秒必争的生死赛跑，赶在敌人之前抵达湘江畔，就把握了先机，掌握了主动权，同时拥有"天时""地利"，既能为军委和中央纵队迅速过江争取更多时间，也能为占据有利地势构筑防御工事提供难得契机。可以说，多一分一秒，就多一分生的希望、少一分流血牺牲。然而，当时中央纵队后尾部队据渡口尚有 155 公里，前后相差约 100 公里，且不肯减掉辎重，仍按部就班地缓慢行进。就这样，原本仅需 1 天就可以实现的渡江计划被拖延到足足 4 天，珍贵的窗口期已经丧失殆尽。

　　此时，蒋介石已得知精心设计的"口袋"竟在全州处又敞开了一个口子，心急如焚，斥责桂军"任匪从容渡河，殊为失策"，急忙吩咐各路军阀向红军压迫，白崇禧留下的空白很快就被赶来的何键部队 4 个师补上，刘建绪率领的湘军自黄沙河一带南下，27 日即抢在红军前迅速占领全州，南撤的白崇禧部队也在蒋介石的要求下复而北上、回师灌阳，各路敌军声势浩大，呈合围之势压进。

28 日下午 3 时，军委向各路红军发电，通报了来自各方敌人的严峻形势，"我们估计湘敌第一路军之两个师，明二十九日晨有可能由全州沿湘江向我进攻，其主要突击方向是沿全、桂汽车道。桂军于灌阳、兴安间约各有一个至二个师，企图从南阻止我军沿灌阳至界首大道西进，并由南进行辅助突击。周敌将企图占领蒋家岭诸关口，并进行猛追"，并下达了"我军应自二十八日起至三十日止全部渡过湘水，并坚决击溃敌人各方的进攻"的渡江指示。

　　一场恶战即将打响。

二

白刃赤膊勇杀敌

脚山铺，一个湘江岸旁本不起眼的小村庄。据《全州县志》记载，明朝时在全州地区设置陆路官道十五铺，脚山铺因设在山脚下而得名。该地距全州仅 15 公里，距界首约 25 公里，桂黄公路贯穿而过，是国民党军自全州南下的必经之地，也是我军阻击敌人、屏障渡江的咽喉要地。该地区地形多独立的小山包，互不相连。就在这里，红军和湘军进行了一场殊死搏斗，也是湘江战役中最为惨烈的一役。

按照原计划，全州是我军在湘江边建立屏障的第一选择，但由于时机延误及湘军迅速南下，国民党湘军于 27 日先于红军进驻全州，红军只能退而求其次，选择在脚山铺布设防御阵地。按照前期部署，红一军团主力作为第一纵队，负责湘江右翼防务。

军团长林彪，1907 年生于湖北黄冈。后顺利考入黄埔军校，并在此期间转为共产党员。林彪毕业时恰逢北伐，他被聂荣臻分配到叶挺独立团任排长。

1927 年，共产党在南昌举行起义，林彪所在部队随即响应，在聂荣臻带领下接连参加了瑞金、会昌等战斗，并举行湖南起义，待起义军转战井冈山时，林彪已升任团长。后来，他带领部队转战赣南闽西，参加了三打龙岩，文家市、长沙、吉安等数十次战斗，并升任第四军军长，随后带部参加三次反"围剿"。1932年2月，红一方面军整编，林彪升任红一军团军团长。

军团政委聂荣臻是四川江津人，比军团长林彪大8岁，少年时博览群书，有忧国忧民情怀。他曾对同窗袒露胸臆："我辈要以报国为根本，为中华民族的崛起而建功立业。"1919年五四运动时，他怀着实业救国的理想，赴法国、比利时勤工俭学，在此期间结识了周恩来、陈毅、蔡和森、蔡畅等志同道合的好友，革命思想深深扎根。1923年他正式加入中国共产党，并于1924年至1925年在莫斯科学习军事。

回国后，他先是在黄埔军校任教并开展党的活动。1927年，他奉组织命令先后领导南昌起义、广州起义，起义受挫后他辗转来到上海开展党的地下工作。1931年，白色恐怖加重，聂荣臻撤离上海来到中央苏区。1932年，聂荣臻任红一军团政委。

在军团长和政委的带领下，红一军团历经战斗洗礼，不断成长壮大。战略转移中，他们以2师为前卫先期抵达脚山铺。2师师长陈光，出生于湖南贫农家庭，自小因家贫失学，22岁加入中国共产党，组织栗源暴动，带领农民游击队痛打土豪劣绅。他曾说："我陈光是土豪劣绅的死对头，就是死也要死在红军队伍里。"参加红军后，他多次以身赴险，受伤无数，曾救林彪于危难，被授予二级红星奖章，并历任连长、团长。1933年，他由少共国际师师长转任红2师师长。政委刘亚楼，出生于福建武平的贫苦农民家庭，中学时接受进步思想，1929年加入中国共产党，随即参加红军，由于胆大心细、完成任务出色，得到了"精灵兵"的称呼并屡受重用，反"围剿"期间，被任命为红2师政委。战略转移前，他坚决带上生着病的团长耿飚和作战参谋黄炜华，在湘江战役和后续战斗中，两人立下赫赫战功。

朱德对红2师寄予厚望，临出发前，他曾找到陈光和刘亚楼，摊开一张一比五万的地图，对着地图上画好的指标——交代行动路线，并嘱咐他们，作为开路先锋，动作要快，不然会影响大队伍的行进速度，因为开路会遇到各种突发状况，必须自行决定，不能因为请示和等待指示而延误时机。

按照这一指示，肩负重托的陈光和刘亚楼率领队伍如一把尖刀锐不可当，一路长途奔袭，接连突破敌军三道防线，抢占九峰山、飞渡潇水、攻占道县，引来朱德、周恩来连连称赞。

在脚山铺勘察完地形后，军团和师领导研究决定由红2师第4团占领公路及两侧正面阵地，第5团占领公路以西阵地，两团加紧构筑工事，等红1师抵达再将其部署在公路两侧。

盘踞在全州的国民党一部是刘建绪率领的湘军，其此次进攻部队共有3个师15个团，无论是人数还是装备都远胜红军，且湘军素来被认为是国民党各路军阀中作战最凶狠、战斗力最强的一支，当时盛传"滇军黔军两只羊，湘军就是一头狼"的说法。因而湘军自认为把握十足，妄图一举击溃红军。

枪声在11月29日凌晨打响。刘建绪派遣4个师兵力倾巢而出，当时刘亚楼正在脚山铺左侧一个叫黄帝岭的山坡上布设阵地，头顶上敌机的轰鸣声由远及近，只见敌机三四架一组，十几架飞机黑压压地循环俯冲轰炸扫射，山上的树木被子弹击中无数，木屑、残枝、落叶凌乱地在空中飞舞。飞机刚过，敌军又用大炮开始了新一轮狂轰，不断倾泻的炸药几乎覆盖了小山包的每一寸土地，这接二连

　　　　　　　　　　　　　丰　碑

三的爆炸震耳欲聋、此起彼伏，弹片横飞，尘土在空中弥漫不散，一股股热浪从地面升腾着，让人喘不过气来，有的红军战士被扬起的尘土掩埋，有的被震得站都站不稳，甚至耳鼻出血、震昏过去。

坚守正面阵地的红4团前身是叶挺独立团，是一支参加过南昌起义，也历经过湖南暴动洗礼的"铁军"，全团官兵有着丰富的战斗经验和很强的战斗意志，尽管敌人的火力十分凶猛，他们仍不屈不挠地坚守阵地，并利用敌军一波一波攻击的间隙，迅速组织恢复阵地工事。

一阵狂轰滥炸过后，敌军一边向山坡盲目放枪，一边慢慢向上爬来，发觉山头上没有了动静，以为红军大部分被"消灭"了，于是胆子大了起来，指挥官带头挺直腰杆停止了射击，如饿狼般向红军阵地猛扑过来。

其实，敌军的一举一动都暴露在红军战士们的视线中，他们正按照指挥员的要求在工事中静静等待着开火时机。

4团团长耿飚是一个刚满25岁的湖南小伙，却已经有了6年党龄和丰富的从军经历，他历任红一军团第三军第9师参谋、师干部教导队队长和作战教育科科长，曾参加过历次反"围剿"和漳州战役等重大作战任务。因为作战机智勇敢，领导力强，自1933年春开始担任4团团长。在这紧张的战斗期，他染上疟疾，时常发高烧、打寒战，身体虚弱，但此刻作为团长，他必须打起百倍精神坚守战位。他第一时间观察到敌人大多进入了射程，大喊一声："打！"第一个扣动了扳机。

随后枪声四起，红军阵地腾起无数条火龙射向敌人，敌人始料未及，死伤大半，还有许多受到惊吓滚下山坡，趁此机会红军收获了不少送上门来的弹药。

恼羞成怒的敌人并没有放弃攻击，刘建绪重新动用飞机大炮，同时下令向红军阵地投掷燃烧弹。一时间，阵地被烈火席卷，敌人见红军陷入火海，便以为红军失去了战斗力，再次组织力量蜂拥而上。待敌人靠近时，我方将士依靠手榴弹和步枪顽强回击。

就这样，双方互不相让，几个回合后，天黑了下来，敌人见没有得到什么好处，只得暂时放弃行动，向全州方向撤退。红军趁机发起反击，在敌人先前阵地的树林中，抓回了不少俘虏。通过审问，4团了解到，敌人的进攻兵力远不止先前侦探的3个团，经后来核实，敌人足足有15个团。而且除了刘建绪的部队外，薛岳的部队也正由湘桂公路赶来支援，且已进入可以攻击红军的地域。眼见形势危急，耿飚立即向上级报告了这些情况。

丰　碑

当晚，敌人仍然不断骚扰红军阵地，零星的枪声不时响起，随后又归于平静，然而这种平静是暂时的，空气中依然弥漫着紧张和不安，更惨烈的战斗即将伴随着黎明出现。

　　30日，天刚蒙蒙亮，红1师师长李聚奎和政委赖传珠带领1师主力赶来支援，进驻了米花山和怀中抱子岭阵地。由于是急行军，许多战士过于疲劳，甚至刚一到就站着睡着了。然而炮声几乎伴随1师的抵达而响起，敌人又发起了大规模进攻，红军战士忘记了劳累，顾不上休息再次投入激烈战斗。

　　林彪和聂荣臻决定1师2、3团阻击，1团为预备队，2师4、5团阻击，6团为预备队。聂荣臻也不顾危险，离开军团指挥所，来到了前线，同刘亚楼一起在黄帝岭阵地指挥战斗。

　　30日的战斗空前紧张。有了前一天的战斗接触，又有了各自部队增援，双方都积攒了更大的力量，敌人动用了更多的飞机大炮，更加汹涌的弹浪嘶吼着扑向红军阵地，经过一夜抢修的阵地工事也在疯狂的打击下严重损毁。敌人炮火实在过于猛烈，虽然红军指战员们不断在阵地中隐蔽、转移，仍有许多战士躲闪不及被击中，甚至被掀起的尘土掩埋。然而他们并没有失去战位，仍利用敌人炮火间隙发起反击。

耿飚曾回忆，当时战况十分激烈，在他正对着敌人不断扣动扳机时，4团1营营长罗有保向他大声发问，还要顶多长时间。耿飚大声回答：不知道，反正得顶住。罗有保愣了一下就返回阵地继续指挥战斗。后来罗有保告诉他，当时耳朵都被枪炮声震聋了，根本没听见耿飚在说什么，但他心里有一个坚定信念，不论面对多么强大的敌人，必须顶住。

当天下午，由于力量悬殊太大，红1师所在的米花山阵地失守了，军团指挥所也被迫转移，红军只得两面对敌。敌人占领红军左侧阵地后，同样占据了高地优势，向着红军各阵地发起了更加猛烈的炮击和集团冲锋，同时随着越来越多增援敌军的加入，战斗的天平不断向敌方倾斜，一直在公路西侧尖峰岭坚守的5团抵挡不住敌人的猛烈攻势，战士伤亡逐渐增多，被迫放弃了第一道和第二道工事，只得退守到最后一道工事。敌人觉察到5团力量薄弱，开始集中更多火力和兵力向5团发起进攻。5团政委易荡平是耿飚的湖南老乡，年龄也只比耿飚长一岁，不仅作战勇敢，还擅长做思想政治工作，曾因工作成绩突出获军委授予的二等红星奖章。此次

丰　碑

战略转移，他被新任命为5团政委，此时他的手下仅有2个连队，但他没有退缩，仍然带领战士们顽强抵抗，不幸身负重伤。此时越来越多的敌人叫喊着"抓活的"冲杀上来，见此现状，易荡平想到的是决不当俘虏，当即命令警卫员向他开枪，警卫员含着泪水不肯。在这危急时刻，易荡平把枪夺来，没有丝毫犹豫开枪自尽，彰显出一名红军指挥员宁死不屈的英雄气概。随后，尖峰岭失守，整个脚山铺只有4团阵地仍存，5团剩余的战士被迫转移到4团阵地，4团阵地不得不面对三面受敌的严峻局面。

此时，敌人将兵力铺排成更大的扇面，向着红军孤零零的阵地包围而来，随着距离越来越近，远距离交战变为近距离对射，又转变成近身肉搏，手榴弹也无法使用，红军战士们举着大刀与敌人搏杀成一团，空中血肉横飞，血腥味越来越浓烈。黄炜华多年后回忆当时情景，感慨道：我们的子弹不够用，如果敌军扑上来，手榴弹和刺刀是用得最多的武器了。

原本4团指挥所处在较为安全的后方阵地，但随着敌人的逼近，前沿与后方的界线越来越模糊，团指挥员们见形势危急，也带领战士们在一线战斗，团长耿飚身先士卒，率4团1营与敌人拼杀。团政委杨成武是福建客家人，虽是一个刚刚 20 岁的毛头小伙，却能征善战、勇毅过人，在第三次反"围剿"时，17 岁的他就被任命为团政委，且因仙人桥战斗的突出表现，被红一军团政委聂荣臻称赞为"模范团政治委员"。当时他正率领 2 营与敌军激烈战斗。当他看到 1 营阵地有失守危险时，急忙率领 2 营通信排赶去支援，却因敌众我寡，陷入重重包围。混乱中，他的右膝盖被子弹击中，瞬间血喷涌而出。敌人见他负伤，一边疯狂叫嚣着"抓活的"，一边直冲着他而来。

此时，5 团 5 连指导员陈坊仁和 4 团 2 营副营长黄霖见形势危急，第一时间带人冲上去，拼死将杨成武保护在身后，试图用火力压制敌人，并吩咐战士们展开营救。然而敌人火力密集，且目标都聚焦在负伤的杨成武周围，连续几名上前营救的战士都中弹倒下，情急之下黄霖自己冒死滚到杨成武身边，将他营救到 4 团队伍中。当时负伤战士越来越多，竟连一副担架都难以安排，慌乱中黄霖的警卫员白玉林看到有战士正抬着担架准备上前线营救，赶紧将他们截住，这才把杨成武抬下了战场。

敌人的进攻越发猛烈。友邻 1 团和 5 团阵地接连失守后，4 团压力陡增。很多敌人从公路两旁直接冲杀而来，他们以赏金为诱惑组成了敢死队，为钱疯狂的敌人从不同方

丰　碑

向扑上阵地，越来越多的山头被敌人占领。

杨成武对当时令人震撼的场景记忆犹新："敌人像被风暴摧折的高粱秆似的纷纷倒地，但是打退了一批，一批又冲上来，再打退了一批，又一批冲上来，从远距离射击，到近距离射击，从射击到拼刺，烟尘滚滚，刀光闪闪，一片喊杀之声撼天动地。"

随着时间的推移，伤亡逐渐增大，我军本就在装备和兵员上处于劣势，此时显得更加吃力，但中央纵队仍在渡江期间，任务尚未完成，红军指战员们必须拼死坚守。形势越来越危急，战斗越来越激烈，随着更多的敌人冲到我军阵前，穿插在我军战士中间，使原本分明的敌我界线不复存在，红军建制被迫分散，各团被敌人完全割裂，甚至团指挥所也近距离暴露在敌人的火力之下，指挥员无法再通过通信员传达命令，只能直接在阵地上边打边观察情况边进行指挥，尽管战士们都分散在各个阵地，有的根本就收不到命令，但他们心中有一个共同的念头，就是见敌人就打。

耿飚回忆，当时他围着山头转，见几个战士或一挺机枪就下命令——"往这边打！""往右突！"战士们也仅仅从他背后的一个图袋上，辨认出他是指挥员。大家都是衣衫褴褛、蓬头垢面，眉毛头发都被烟熏火燎过。

敌人火力凶猛，红2师不得不将预备队投入战斗，但仍改变不了战场局面，只得且战且退。此时红军战士已伤亡近三分之一，但任务尚未完成，他们在黄帝岭与敌人继续厮杀。

经过一天的激烈战斗，夜幕终于降临，敌人的攻势有所减弱，红军趁机撤到珠兰铺、白沙一带，此时，我军兵力损失严重，已不足以支撑长期防御，红一军团军团长林彪和政委聂荣臻冷静斟酌形势，在脚山铺附近向军委发出电报：

朱主席：

我军向城步前进，则必须经大埠头，此去大埠头，经白沙铺或经咸水圩。由脚山到白沙铺只二十里，沿途为宽广起伏之树林，敌能展开大的兵力，颇易接近我们，我火力难发扬，正面又太宽，如敌人明日以优势猛进，我军在目前训练装备状况下，难有占领固守的绝对把握。军委须将湘水以东各军，星夜兼程过河。一、二师明天继续抗敌。①

---

① 《聂荣臻元帅回忆录》，解放军出版社2005年版，第181页。

12月1日凌晨1点半，朱德总司令向红一、三军团下达"关于消灭由兴安、全州进攻之国民党军与钳制桂军和周浑元部追击"的命令，要求：野战军应以自己的主力消灭由兴安、全州向界首进攻之敌，钳制桂军及周敌由东尾追的部队。这样可以保证我军之后续部队于二号晨在掩护队掩护之下通过湘水，以后即前出到西延地域；一军团全部在原地域，有消灭全州之敌由朱塘铺沿公路向西南前进部队的任务，无论如何要将由汽车路向西之前进诸道路保持在我们手中，在湘水东岸只留小的侦察部队。军委十分清楚当前各方向部队的战斗情况，然而在军委纵队和红军主力完全渡过湘江之前，必须绷紧战斗之弦，咬紧牙关坚持再坚持。于是，为了重申严峻形势和战斗的重要性，确保各部队坚持到底，中共中央局、军委和总政治部在凌晨3点半联合向红一、三军团下达了"关于保证军委一号一时半作战命令全部实现"的电令：

林、聂、彭、杨：

一日战斗，关系我野战军全部西进，胜利可开辟今后的发展前途，退则我野战军将被敌层层切断。我一、三军团首长及其政治部，应连夜派遣政工人员分入到各连队去

二　白刃赤膊勇杀敌

进行战斗鼓动，要动员全体指战员认识今日作战的意义。我们不为胜利者，即为战败者，胜负关系全局。人人要奋起作战的最高勇气，不顾一切牺牲，克服疲惫现象，以坚决的突击执行进攻与消灭敌人的任务，保证军委一号一时半作战命令全部实现。打退敌人占领的地方，消灭敌人进攻的部队，开辟西进的道路，保证我野战军全部突过封锁线，应是今日作战的基本口号。望高举着胜利的旗帜向着火线上去！

中央局

军　委

总　政

十二月一日三时半^①

措辞如此严厉的电报在红军历史上是少有的，足见当时形势之严重紧迫。这份电报迅速传达下来，无论是指挥员、政工人员还是参谋人员、战勤人员，乃至保障红军的百姓都明白，第二天的战斗关乎军委的安全、关乎红军的

---

① 中国工农红军长征史料丛书编审委员会编：《中国工农红军长征史料丛书·文献（1）》，解放军出版社 2016 年版，第 174 页。

存亡、关系自身的生命，他们必须振奋百倍精神。大家都毫无睡意，熬红了眼，静待新一轮更加残酷的战斗。

这天一早，4团团长耿飚的疟疾又犯，但时间紧急，顾不上虚弱的身体，他就披着毯子挨个检查阵地工事是否完备。果然，就在他巡查之际，敌人再次发起了进攻，依然是飞机加大炮，随后是集团冲锋。虽然套路已经十分熟悉，但是面对数十倍于己的敌人，红军只能在敌人强劲的火力间歇进行集中反击。

就在耿飚组织战士们激烈战斗之际，军团保卫局局长罗瑞卿竟火急火燎地赶过来，举起手枪顶着耿飚的脑袋大声斥责为什么丢掉了阵地。事实上，当罗瑞卿赶来阵地时，耿飚就有了"不祥"的预感，为了确保1日凌晨两份军委电报得到坚决贯彻，军团保卫局组成了"执行小组"，专门监督各部队是否不打折扣地执行指令，如有一丝一毫行动可疑就被认为是"信念动摇"，往往会受到十分严厉的惩处，甚至枪毙。然而耿飚毕竟始终在一线组织全团战斗，并无任何过错，便向罗局长耐心解释，当下敌人火力兵力占明显优势，团里战士伤亡众多，兵员紧缺，就连团长政委都要携枪带刀杀敌，失掉阵地实属无奈。罗瑞卿听后慢慢缓和下来，边递烟边说：4团不应该有这样的事嘛。同时又责怪说："指挥战斗不要披着毯子，像什么样子。"这时一旁的警卫员赶忙向罗瑞卿解释团长正在打摆子（即身患疟疾后发热症状），是他给耿飚披上的。罗瑞卿明白了缘由后才知错怪了耿飚，于是双方促膝谈了谈当下战斗情况。罗瑞卿告诉耿飚，军委纵队仍在渡江，按时间来看，完全渡过要到中午12点以后。听到这里，耿飚明白自己必须指挥4团坚守到至少12点。此刻，时间就是生命，每过一分钟可能意味着多一份牺牲，他意味深长地说："每分钟都得用血换啊。"这句话背后体现出当时的无奈，更体现出我军将士的决心和意志。

事实的确如此。1日上午，红一军团遭受了前所未有的冲击，敌人瞄准了1、2师结合部，重点猛攻3团阵地。他们疯狂突进，一时间突破四五里，并迂回包抄，把3团两个营给卷进包围圈，其中一个营奋勇拼杀，突出重围，与1、2团汇合，但另一个营由于方向识别错误，反而更加深入敌群，慢慢被敌人渗透割裂，但他们不屈不挠，即使只有几个人也毫不退缩、不言放弃，仍然以班为单位发起猛攻，许多战士最终突围并在几天后回归部队。

敌人的冲击甚至危及了红一军团指挥部，自来到脚山铺指挥战斗以来，林彪、聂荣臻、左权等红一军团指挥员，始终带着一部电台，研判形势下达命令。随着战斗持续深入，越来越激烈的战况使他们不得不反复转移阵地，有时敌人进攻过于猛烈，红军阵地被不断压缩，军团指挥部也时常被卷入战斗前沿，这时军团指挥部干脆放弃发电，直接把军委命令下达到靠他们近的团、营、连。形势变幻无常，有时一封电报刚刚发完就开始草拟下一份，很多时候他们干脆守在电报员旁边随时发布命令，而每一份命令，几乎都离不开"十万火急""万万火急"，无一不要求"全力阻击""保证时间"，可见当时局势之危险。

指挥所是部队的大脑和心脏，布设位置往往深思熟虑，十分注重安全性和隐蔽性，然而这一天由于战况十分激烈，敌我双方短兵相接，敌方迂回穿插、反复冲击，越发深入到我军纵深位置，甚至与红一军团军团部距离也十分近，情况十分危急。聂荣臻回忆，这一天敌人的迂回部队打到了我们军团部指挥所门口，这是多年没有的事。当时指挥所在一个山坡上，我们正研究下一步行动计划，敌人已经端着刺刀上来了。我起初没有发觉，警卫员邱文熙同志很机警，他先看到了，回来告诉我。我说，恐怕是我们的部队上来了，你没有看错吧？他说没有看错。我到前面一看，果然是敌人。左权同志还在那里吃饭，我说，敌人上来了，赶紧走。

　　聂荣臻赶快命令军团部指战员就地展开对敌抗击，同时确定一个相对安全的山隘口作为临时驻点，一方面组织部分战士整理资料、撤收电台、迅速转移，另一方面，命令警卫排排长刘辉山赶快通知仍在山坡下指挥的刘亚楼及其所在的政治部，让他们也朝预定方向迅速撤离。刘辉山在匆忙下山时，被正面敌人射击，在躲闪之时不小心被一颗子弹打穿了脚板。

　　由于措施得当、撤退及时，军团部并未遭到严重损失，但敌人仍然穷追不舍，不断派遣飞机袭扰。聂荣臻记下过这样的话："在我们撤退的时候，敌人的飞机活动很疯狂，撒下很多传单，说什么如果不投降就要葬身湘江。国民党政工人员编写的这些狂妄浅薄的宣传品，连他们自己的士兵都称之为卖狗皮膏药，更吓唬不倒英雄的红军，没有人理它！可是敌人的飞机几乎是擦着树梢投弹、扫射，很多人被吸去了注意力，不注意往前走了。我说，快走！敌人的飞机下不来，要注意的是地面的敌人。快走！"由此看，红一军团当时遭受的威胁和困难可见一斑，这也是罗瑞卿赶去斥责耿飚的主要原因。

　　战斗持续到中午，待军委纵队成功渡河后，红一军团

　　　　　　　　　　　　　　　　　　　丰　碑

第1师、第2师交替掩护，经庙山、梅子岭和大湾撤出了阵地。

　　这场战役，红军打得格外艰难，付出的代价也十分惨重。据经历者回忆，在离开脚山铺战场时，林彪、聂荣臻、左权等军团领导亲自为阵亡战友安葬，他们个个表情凝重，向牺牲的战友默哀致敬，连一向有泪不轻弹的林彪望着遍野尸骸也不禁泪如泉涌。

　　那天，敌人自认为打了胜仗，在国民党中央社发电大肆吹嘘："湘剿匪各师，30日与匪一、三、五团在觉（脚）山、朱蓝（珠兰）铺、白沙铺一带苦战十小时，匪全线击溃，匪伤毙近万，……残匪一部向西延窜走。"其中虽不乏虚报夸大成分，但也能侧面反映脚山铺一役战斗之惨烈。

三

流尽最后一滴血

红三军团是一支敢打硬仗、啃得动"硬骨头"的铁军，军团长彭德怀善治军打仗，这在红军中无人不知。李德对此印象颇深，他曾在《中国纪事》中有所描述："在军团总指挥中最有特色的是彭德怀……他爽直、严厉"，他的三军团是正规战训练方面最好的团，"因此他通常总是被派去承担最艰苦的任务。他曾多次陷入险境，但又一次次的化险为夷，突破难关……"

要说彭德怀深厚的打仗功力，还要从他的早期经历说起。彭德怀于1898年出生在湖南湘潭，家境贫寒的他要过饭、放过牛、当过煤窑工。湖南是一个崇军的地方，曾走出过赫赫有名的曾国藩和湘军，在风云激荡、山河破碎的混乱年代，有志青年纷纷从军报国。彭德怀的伯祖父曾是太平天国的老兵，彭德怀回忆，"伯祖父经常同我讲些太平军的故事。什么有饭大家吃啦，女人放脚啦，平田土啦等等，我便产生了打富济贫、消灭财主和为穷人寻找出路的思想"。于是，在1916年彭德怀便由堤工投入了湘军当兵。

一入湘军，就是 11 年。毫无身份背景的彭德怀凭借过人的领导才能和指挥胆识，在何键部从士兵干起，一路擢升。他善良正派，坚持"以救国救民为宗旨，不做坏事；不贪污腐化，不扰民"，多次铲除恶霸、接济百姓，赢得百姓拥护，却也因此与旧军阀格格不入，甚至因为打抱不平而差点送命。旧军阀欺压百姓、争权夺利，彭德怀对此极度反感，恰此时结识了共产党人段德昌，共产主义思想在他的心中逐渐生根发芽。当时彭德怀曾对信得过的朋友说："今天他们提拔我，是拉我跟他们走。我主意早定了，坚决走革命的路，走共产党的路。我们大家一起走，决不回头。"

终于在 1928 年，他刚升任国民革命军独立第 5 师第 1 团团长不久时，正式成为共产党员。当时革命陷入低潮，彭德怀见事不宜迟，果断组织平江起义，正式脱离军阀部队。他带领新组建的红军第五军南北转战，其间痛打何键部队，连战连捷、威名远扬，百姓惊呼其为"天兵"。何键屡屡失手，气急败坏却又无可奈何。彭德怀因战功卓著、治军有方，自 1930 年起，被任命为红军第三军团总指挥。

与彭德怀搭班子的杨尚昆，出生于四川潼南。虽然出身地主家庭，但家风开明、崇尚爱国。杨尚昆的四哥杨闇公是中国共产党在四川的早期领导人，曾在 1926 年任中共重庆地方执委书记。正是在他的影响下，杨家在共产党创立早期就有 6 名党员。杨尚昆也耳濡目染，自小学习《共产党宣言》《劳农政府》，并在四哥指引下于 1925 年加入中国共产主义青年团，次年转为共产党员。

入党不久，杨尚昆被派往苏联莫斯科中山大学学习 4 年，回国后，上海正被白色恐怖笼罩，他在极度危险中做了两年党的工作。1933 年 1 月，杨尚昆来到中央苏区配合张闻天做宣传工作，其间临时中央开展反"罗明路线"斗争，杨尚昆坚决抵制，多次撰写文章批驳。但"左"倾路线仍然在党内不断扩大影响。1933 年底，因为多次提出反对博古、李德的建议，彭德怀的老搭档滕代远被撤销红三军团政委一职，由杨尚昆接任。

初到军队，彭德怀就给杨尚昆留下了深刻印象，他多年后在回忆录中写道：

我在三军团指挥部见到彭总的情景至今历历在目：他穿一身褪了色的旧军装，裤子上打了补钉，但绑腿裹得很整齐。一见面，他就迎上来紧握着我的手，用浓重的湖南口音说："欢迎你。"我说："我带兵打仗是外行，到苏区的时间也很短，希望你多帮助。"他直率而诚恳地说："我年纪比你大，但文化不高，参加革命比较迟，往后互相帮助，遇事多商量。"这以后，我们经常促膝夜谈，日益加深了彼此间的了解。他对我几乎是无话不说。我真是非常尊敬他，佩服他。

......

我刚到三军团去的时候，对军事几乎一点都不了解，都是彭德怀同志给我讲。我佩服他的打仗。三军团有3个师，真正打起来，彭德怀都是到前方去。有时候，电话一接通，师部还在他后面，同他打完电话赶快往前移。他这个人真是不惜自己的性命，总是进攻在前，退却在后。他又喜欢议论，有见解，有经验，给我的教育很大。①

在彭德怀和杨尚昆的领导下，红三军团在反"围剿"中歼敌数个师。但此时李德开始全面插手军事指挥，他越过彭德怀和杨尚昆，直接将命令下达到各军团，"连迫击炮放列的位置都指定了"，并且坚持搞违背实际的"短促突

---

① 《杨尚昆回忆录》，中央文献出版社2001年版，第85—87页。

丰　碑

击"战术，让部队"一个碉堡一个碉堡地争夺"，这直接干扰阻挠了彭德怀的正确指挥，屡屡使红军陷于被动。但在彭德怀的坚决指挥下，红军顽强作战，扭转局面，连续取得了攻占沙县和三溪圩反击战等胜利。杨尚昆在回忆中写道："我既为红军指战员的革命英雄主义所感动，也对彭德怀同志在军事上的智慧、经验和魄力衷心感到钦佩。"

然而正如彭德怀所说，上级不从实际出发的错误决策和一意孤行的领导作风，对第五次反"围剿"战争造成的全局被动，不是个别胜仗所能弥补的。最终第五次反"围剿"失利，红军被迫开始长征。

战略转移中，红三军团被编为主力第三纵队，负责左路护卫。一路上，红三军团先后突破敌人三道封锁线。但由于中央纵队包袱沉重，行军迟缓，指挥又死板机械，因此总是被动挨打。彭德怀十分焦急，多次建议"在灵活机动中抓住战机消灭敌军小股，迫使蒋军改变部署，阻击、牵制敌人"，更怒斥"一、三军团像两个轿夫，抬起中央纵队这顶轿子"，简直是抬棺材送死！但发出去的电报如石沉大海，再无回音。

11月25日，军委下达了红军向全州、兴安西北黄山地域进军的命令，此时红三军团正马不停蹄地经由小坪、邓家源向灌阳山道前进。

27日，军委又根据敌人部署和行动情况，于下午5时由朱德总司令再次向红三军团司令彭德怀和政委杨尚昆下达命令：

彭、杨：

甲、……

丁、三军团行动如下：

（A）五师主力应进到新圩地域，其一个团则进到苏江地域，主力应确实进占马渡桥。如灌阳尚未有桂军在一团以上时，并应进占灌阳。在苏江之一个团应驱逐泡江之敌，然后则占领三县道交叉处之孔家，并派小部队与八军团联络和带路。

……

（C）六师于水车为三军团的预备队。

……①

---

① 中国工农红军长征史料丛书编审委员会编：《中国工农红军长征史料丛书·文献（1）》，解放军出版社2016年版，第162页。

丰　碑

彭德怀收到消息后，知道事态紧急，立刻将此电下发给 5 师，要求 14 团、15 团迅速行动，赶赴灌阳构筑防线，为军委纵队和红军主力过江形成左翼屏障，防止桂军北上来袭。彭德怀深知以 5 师现有兵力装备面对强敌，任务极其艰巨，特意将军委直属炮兵营派给 5 师以加强火力，电文中彭德怀特别强调要"不惜一切代价，全力坚持三至四天！"

此时 5 师在师长李天佑、政委钟赤兵的率领下已行至文市附近，接到任务后，李天佑即刻率领 14 团、15 团（13 团归军团直接指挥）及军委直属炮兵营共 3900 余人，抢在北上桂军之前，占领了新圩及马渡桥之间地域。

李天佑是广西临桂人，1914 年生，14 岁当兵，15 岁入党。入党那年的年底参加了百色起义。1931 年起随军转战桂黔湘粤赣边区，因为在掩护指挥部撤退和战斗过程中敢于冲锋、作战勇敢，成为小有名气的"小老虎连长"，至中央苏区以来，多次参加反"围剿"，并先后被任命为团长、师长，曾有过以一个团兵力歼敌一个主力团的辉煌史，也因此获得三等红星奖章，所率部队荣获"英雄模范团"锦旗。

钟赤兵和李天佑同年，出生于湖南平江，自小深受革命进步思想和爱国主义教育影响，早在五卅惨案时，年仅 11 岁的钟赤兵就积极参加游行和革命宣传工作，16 岁正式入党后被任命为师、团政治部主任和政委，参加数十次战斗。

这对搭档是当时红军中最年轻的师级主官，却有着超越年龄的沉稳与老练。他们深知此次防御任务意义重大又极其艰难，此刻顾不得休息，正带着参谋侦察地形。

新圩，一座位于湘江东岸，距离湘江渡口仅有70余里的小村庄，据灌阳县城也仅15公里，其北面5公里处就是红军军委和主力纵队西进路线中渡河的必经地点大桥村古岭头。一条公路连接着灌阳新圩，直通全州，这条公路的西侧及北侧直到湘江岸是宽阔平原，东侧南侧则是蜿蜒起伏的丘陵。李天佑发现公路两旁的多个小山包正适合构建防御工事，丘陵上草木茂盛，与人齐高，刚好适宜隐蔽伏击。

根据地形地貌，5师进行了战斗部署，以公路为界，由15团把守左翼，防线设在打锣山、水口山、钟山上；14团则被安排在右翼，防线设在月亮包山、判官山上，两者配合可形成交叉火力；师指挥所设在前沿后方两里处的杨柳井，后勤部和战地医院分别设在距离前沿阵地约10公里的上立安村和下立安村，炮兵营则配置在了指挥所左侧便于观察和发挥火力的高地上。

虽然一切都在紧张有序地布置着，李天佑却有些焦虑，他深知敌我力量悬殊，坚守两三天比较可行，四天以上欠缺把握，可是这片丘陵背后就是一片开阔地，且距离新圩只有12里路，一旦失守，红军渡江将面临巨大困难。但同时他又看到红军战士们虽然长途跋涉，身心疲惫，却个个战斗情绪高涨，似乎充满着无穷的力量和必胜的信念，于是又重新拾起信心。他在与参谋长胡震交流时说，相信这次任务必定能完成。胡震是一名33岁的"老"红军，以参谋长身份参加了历次反"围剿"，由于作战勇敢，就在两个月前荣获军委颁发的三等红星奖章，这次大转移上级特意调他来协助李天佑。此刻他正在身旁研究地图，听后精神抖擞，猛地一砸桌子："让他们来吧，只要有一个人，就不让敌人到新圩！"李天佑的信心更足了，他们给军团指挥部发送了一份电报称："人在阵地在。""保证完成任务！"

27日傍晚，红军刚作好战斗部署，师侦察兵就赶过来报告，敌军沿着通向江边的公路抵近了。

广西人善战是出了名的，当时民间流传有"广西猴子是桂军，猛如老虎恶如狼"的说法，百色起义的领导者张云逸曾任广西军官教导总队副总队长兼南宁警备司令，在桂军开展兵运工作。他对桂军十分了解，曾形容桂军被反动宣传灌输得麻木，作战勇猛得如野人拼命，阵地上战至

三　流尽最后一滴血　　　　　　　　　　　61

最后一个人时，仍能坚决拼刺刀顽抗，直到被打死，反抗才停止……且战术灵活、动作熟练。他认为桂军比同等武器装备条件下的日军更难对付。

红军此次面对的更是被称为"钢七军"的桂军第7军，这支军队纪律严明、作战骁勇，曾在军阀李宗仁的率领下，仅以6000兵力消灭了陆云高、陆荣廷等旧桂系军阀6万余人，以不足2万人的兵力在滇桂之战中大败云南军阀唐继尧7万之众，自此独占广西。在随后的北伐战争、宁汉战争、蒋桂战争中，该军东征西讨、多次立功，名声也在全国叫响。可以说，在当时国民党军阀"盛产"的杂牌军中，这支桂军是不多见的精锐。

此次自灌阳北上来袭的是15军夏威部，夏威是广西本地人，毕业于保定陆军军官学校，与白崇禧是同学，自从军起一路在桂军升迁，当时刚由15军副军长提升为代军长，随即又被任命为桂军第四集团军第一追击军军长，负责追堵红军。刚过不惑之年的他踌躇满志，对红军一战也志在必得。

战前，夏威召集15军各师长开会，讨论截击红军策略，最终得出两个方案：预计红军将在5天内完成渡江，为了执行李宗仁、白崇禧要求的"不拦头、只击尾"的送

丰　碑

客策略，一方案是在红军渡江的第4天夜晚，15军的3个师全部展开，截击红军大尾；二方案是在红军通过的最后一夜，截击红军小尾。一方案对红军打击最大，但自身消耗预计不小；二方案更符合"送客"目的，对红军桂军都比较"友好"。讨论中各师长意见并不统一，于是夏威向白崇禧请示，白崇禧回复"在新圩用一个师打红这后尾就得"。按此要求，夏威着令王赞斌率领44师为前锋和主攻，凌压西率领的45师134团为预备队，共7个团，前出与红军战斗。

事发有些突然，红军发现桂军时就地展开了一场遭遇战。桂军虽然准备不足，却有着火力优势，利用炮火向红军阵地狂轰滥炸，机枪也不停地扫射，形成了一张密集的火力网，不断扬起的烟尘弥漫整个阵地，不断落下的尘土更是将战士们掩埋。在强大的火力掩护下，敌人开始成建制地向红军阵地冲杀过来，却没想到就在距离红军阵地仅有十几米时，成排的手榴弹突然从天而降，红军战士们像是从土里凭空钻出来的一样，瞄准敌人就是一阵猛射，敌人显然始料未及，慌忙向后溃逃。此后敌人又反复尝试了几次攻击，但面对占据有利地形的红军也无可奈何，红军更是趁敌军慌乱之际进行反冲击，一直将敌军追赶至枫树脚附近。

天色渐黑，红军见桂军已在马渡桥扎营布防，便将前沿推至枫树脚，此地满山的松树和簇簇的灌木丛，约有一人高，刚好有利于隐蔽。红军以狮子山、瘦马岐和张家岭一线为前沿阵地，就地构筑工事。此时双方相距仅一公里，中间只是一些水田、草地和零落低矮的房屋，且时节已至深秋，公路两旁见不到庄稼，双方面前一片开阔，彼此都在肉眼可见的视线范围内，气氛显得分外紧张。

28日天一亮，桂军就沿着公路猛扑过来，也许是认识到红军的战斗力不容小觑，也许是想一鼓作气消灭红军，敌人一开始就发动了比昨日更加猛烈的进攻，数架飞机列队向红军阵地发起滚动式轰炸和扫射，重炮也不断吐出火舌，一时地动山摇、枝叶四溅，红军阵地化为一片火海。血色的石沙带着腥味拍打在战士们的脸上，昨夜刚构建好的工事，承受着数不清的炮弹轰击，很快就损毁了。敌人看到红军战士们一时被疯狂倾泻的弹药压制得抬不起头，便如疯狂的蚂蚁一般从四面八方涌向红军阵地。但红军战士们并不胆怯气馁，而是耐心等待敌人每一轮炮火攻击的间隙，集中将手榴弹成束成捆地向敌人丢去。新加入的炮兵营也发挥了重火力作用，一排排枪筒从尘雾中伸出来，向敌人吐出愤怒的火

丰　碑

舌，一时间敌人阵地上爆炸声枪弹声响成一片。敌人反复冲锋，被我军屡次击退，就这样双方在很近的距离进行着激烈对攻、反复争夺，炮弹横飞、尘沙漫天，双方都被尘烟笼罩着，几乎分不清敌我，甚至交织在一起。

这一天你来我往，桂军发现正面进攻并不能占到太多便宜，于是改从左侧迂回包抄，红军两面受敌、损失严重，特别是在钟山、水口山等前沿阵地，据守的战士们几乎全军覆没，有一个山头上一个排的战士打到了只剩下一人，红军一时抵挡不住，被迫后撤。尖背岭和平头岭是灌阳至全州公路两旁较高的山峰，如铁钳一般，将公路紧紧夹住，于是14团在公路右侧的尖背岭、15团则在公路左侧的平头岭重新构筑工事，两个阵地相互策应，呈犄角之势。

桂军夺了几个小山头，稍微向前推进了一些阵线，但相比伤亡500余人的代价来说，是得不偿失的。桂军第44师师长王赞斌也在报告当天战况时称"几次进攻均无进展"，言辞中透露着无奈。

29日，敌人的进攻更加猛烈，他们依旧依靠飞机大炮的轮番轰炸开路，再进行集团冲锋，不过为了集中更多火力，敌人倚仗兵多，一改往日班排单位冲锋为营连进攻，并常派出小股部队企图迂回包抄。这次他们新增了第24师和第45师投入战斗，一时间红军势单力薄，完全陷于被动，一些山头上红军的抵抗几乎无力。但即便毫无胜算，红军战士中间也没有一人撤退、没有一人投降。他们清楚地预料到最后结果，却依然举起大刀勇敢地和敌人战斗到最后一刻，践行了为国家和人民的解放流尽最后一滴血的誓言。

随着时间的推移，伤亡报告不断传来：14团报告团政委受伤，15团报告团长白志文和政委罗元发负伤，3个营长2个牺牲，全团伤亡近500人……李天佑在前线忙碌地指挥战斗，不断听到这些触目惊心的数字，又不断见到有担架抬着负伤的战士从他身边经过，内心焦急万分。他知道指挥员的伤亡是重大损失，不仅意味着部队指挥能力的衰减，也说明部队已经到了压力承受的极限，这样抵抗下去终究会支撑不住。

此时，军委纵队和红军主力正在加紧过江，不断有新消息传来："纵队已向江边前进""纵队已接近江边""先头部队已开始渡江"……

伤亡报告和渡江报告在交替更新着，每一份都牵动人心，所有指战员都不想听到伤亡报告，想着早点收到"渡江完成"的消息。

眼见缺少指挥官的前沿阵地不断丢失，第二道防线几

丰　碑

乎又要失守，李天佑明白当下最紧急的是填补各团指挥员空缺，特别是 15 团，当下没有团干部可用，李天佑当机立断，握着参谋长胡震的手说："你去负责，去组织他们顶住，在黄昏以前，一个阵地都不能失掉。"胡震坚定地点点头，二话没说就匆匆赶赴前沿。

14 团当下还有团长黄冕昌在坚持指挥，但同样时刻面对着敌人枪口。李天佑赶忙抓起电话打给黄冕昌，要求他收缩兵力，把团指挥所位置后撤到师指挥所旁，以减少所受威胁。但话音刚落，黄冕昌就冒着枪林弹雨赶过来报告："胡震在阵地指挥反击时中弹牺牲了。"

如同当头霹雳，李天佑愣在那里，许久缓不过神来，一个刚刚还在交谈的亲密战友，就在这短暂的时间里永别了。胡震与李天佑虽然在 5 师共事的时间不长，却早在瑞金红校时，就结下了同学战友情。此刻李天佑不敢相信，自己再也见不到胡震了，一时间眼泪夺眶而出。但沉浸在悲伤中也无济于事，李天佑整理好心情，化悲痛为力量，冷静地向黄冕昌交代了战斗任务和当下军委纵队、红军主力过江情况，像之前对胡震交代的那样，严肃地说："无论如何不能后退！"

黄冕昌是广西壮族人，自小疾恶如仇，曾组织当地农民成立"敢死队"开展反霸活动，后又组织农民自卫军并任农民自卫军大队长，1929年带部参加了百色起义，当年底入党参军。自1930年起，黄冕昌久经战争历练，先后被任命为营长、团长，带队取得一系列战果，多次被上级嘉奖。

肩负重任的黄冕昌再次回到战地一线，此时敌我仍在激战。敌人多次妄图正面冲击，但都被红军将士打得晕头转向、落荒而逃。见正面难以攻破，且左侧的15团依然保持着很强的火力，敌人觉察到右侧是红军的弱点，便开始投入2000多人的兵力准备从右侧强攻红军阵地尖背岭。黄冕昌敏锐捕捉到敌人动向，当即决定在左侧留下一个排长带两个轻机枪班坚守，自己则带领其他所有重机枪手在右侧构建火力封锁线。就在这时，一颗流弹飞来，击中黄冕昌的腿，一时间鲜血从伤口处不住地向外涌，一阵剧痛使他支撑不住差点摔倒，脸色顿时变得铁青，疼得他不断冒虚汗。随行医护员急忙上前帮他包扎伤口，建议他立刻到后方治疗。他知道此时战场上最不能缺的就是他，这时耳旁又响起了李天佑的那句"无论如何不能后退！"于是他断然拒绝，带着伤腿，继续留在前线指挥作战。

果然不出所料，大批敌人从红军右侧翻过了小山坡，开

丰　碑

始发起大规模进攻，黄冕昌目光炯炯，大手一挥，下令："打!"成排的机枪同时向敌人射击。敌人见攻击受阻，便再次增加兵力，继续在右侧与红军激战。此时敌人见红军右侧火力凶猛，实难攻下，便又打起左翼的主意，开始从左路攻向红军。黄冕昌再次识破了敌人的意图，随即命令连指导员何诚带队伍从右侧发起反冲锋，自己则组织部分战士边打边撤，前去支援左侧阵地的两个机枪班。由于指挥正确果断，敌人的几次尝试都没有得逞，但也因敌众我寡，红军被迫撤回工事坚守。在这一过程中，黄冕昌多次被敌人击中，由于伤势过重，最终牺牲在阵地上，时年32岁。

在"保卫党中央"这一神圣使命的召唤下，红5师全体将士三军用命、奋不顾身。战士大部牺牲了，所有指挥员警卫员通信员参谋全部组织起来参与战斗；最后一颗子弹打光了，就赤膊拼大刀，即便只剩最后一口气，也坚持和敌人抗争到底，正是这种气魄支撑本处于明显下风的红军顽强坚持着。但我军付出了巨大的伤亡，有的山头指战员全部壮烈牺牲。由于伤亡太大，红军两个阵地尖背岭和平头岭相继失守，只得且战且退，在板桥铺地带虎形山集结修筑工事，重新拉起一道防线。

11月30日，已经是阻击战的第三天，连续两天的激烈战斗，敌人虽不曾想到红军能够顽强坚持如此之久，却也察觉到红军的损失很大，于是决定投入全部兵力，一举将红军击溃。依靠空中和远程炮火优势，敌人对虎形山一通轰炸，而后再次发起大规模冲锋。红军将士同仇敌忾，迎头痛击，击退了敌人一次又一次猖狂进攻。一时间战场上尸横遍野，双方伤亡人数都在不断攀升。但敌人毕竟人多势众，这些损失不会从根本上影响其后续行动，而红军则完全不同，仅有不到两个团的兵力，此时已经处于极其危险的境地。

红军根据当时形势，只好撤退，被迫后退至楠木山村附近的炮楼山一线继续防御，直到下午4点多，终于等来消息称军委纵队和红军主力渡江完成，正向龙胜前进，后续部队红八、九军团也安全通过灌阳地域，红5师任务胜利完成。军委下令要求红5师迅速赶赴全州和兴安交界处渡口抢渡湘江，将防务移交给接应的红6师。李天佑拿着电报从头到尾看了两遍，握着钟赤兵的手激动地说："好，中央纵队总算安全地渡过江去了，我们的任务完成了。"

这一结果无疑是无数红军将士用生命换来的，也充分体现了我军历来以局部服从全局的整体观念。

随即，红5师向各团下达了准备撤退的命令。待红6

丰　碑

师18团赶到新圩后，迅速向界首东南渠口前进。就此，已经连续阻击三天的红5师光荣地退出了战斗。

此次战斗，红5师共有2000多名指战员献出宝贵生命，全师连带伤兵仅剩1000余人与大部队会合，由于人员锐减，过江后5师被缩编为一个团。

在撤退过程中，敌人并未停止追杀，许多指战员由于伤病等原因无法脱险，最终被敌人残害，其中就有著名的"酒海井'虐杀'"。

酒海井是一口天然溶洞，位于灌阳县新圩镇和睦村北约8公里处，因其2米直径的井口下，有一条相通的地下河，口小肚大，宛若广西桂北一带农村百姓口口相传的大型盛酒容器——"酒海"，因而被称为酒海井。这个充满文化蕴意的名字本因历史而美，但如今，却因历史上湘江战役中的一场残酷杀戮而被涂抹上悲怆的色彩。它唤起的是中国共产党和人民军队历经磨难的成长中一段无法忘怀的伤痛记忆。

12月7日，历经数日的激烈战斗后，灌阳新圩已是满目疮痍。然而持续数日的硝烟并未完全散去，在艰难完成阻击任务后，红5师撤出阵地，向湘江岸方向且战且退，国民党军队仍紧追不舍。由于伤病员太多，且医疗人员和设备物资严重缺乏，一批重伤员又行动不便，已经难以跟上队伍，在行至新圩镇下立湾村时，5师不得不在该村的蒋氏祠堂设置临时救护所就地救护伤病员。当地百姓闻讯赶来，有的送饭，有的直接在救护所搭伙现做，还有的给伤员清洗包扎伤口、换药，许多受轻伤的战士经过百姓紧急救护，又重返战场，一些重伤员伤情也得到了缓解。然而敌人再次追来，形势紧急，部队战斗员严重不足，必须向湘江继续撤退，只得将100多名重伤员隐蔽安置并委托当地群众救治。国民党军一路追去，并未发现隐蔽在祠堂的红军伤员。然而当地土豪劣绅却发现了这批伤员，他们一直十分仇视红军，立刻向当地国民党民团报告，最终受伤的红军战士们被民团捕获。刘来保是撤退队伍中的一员，当时他身负重伤，倒在酒海井附近的山坡上，之后便目睹了让他刻骨铭心的场景：民团伙同当地土豪劣绅将所有伤员扒光衣服，用麻绳束缚手脚，残忍地将他们一个个丢进酒海井里，刽子手还用机枪朝井底扫射，之后才"放心"走了。这些被投下井的多数是一二十岁的娃娃兵，他们有些虽然身体被摧残至深，却仍然用顽强的意志支撑着，数日里虚弱的呻吟声时不时从井内传出，最终完全被寒风湮灭。当地的村民得知红军伤病员牺牲后，冒着被杀的危险在井前祭奠亡灵。这一传统一直沿袭至今。

历史没有忘记，人民没有忘记。就在这100多名红军战士殉难的地方，近些年矗立起"红军烈士殉难处"石碑，修建了酒海井烈士墓，并且陆续有散葬于民间的红军遗骸归葬，后来又扩建为灌阳湘江战役新圩阻击战酒海井红军纪念园。这里已成为缅怀红军烈士、永念英雄事迹、学习传承红军长征精神的圣地。

寻找英雄遗骸，让烈士安息，既是对英雄的尊重，也是对革命和历史负责，更是当地政府与百姓长久的共同心愿。

2017年8月起，当地政府正式启动酒海井红军烈士遗骸勘探打捞工作，根据老红军和当地群众回忆口述，对照相关历史资料，结合村民抽水时发现骸骨等情况，灌阳县委牵头组织民政、武装、消防、水利、供电和新圩镇政府等单位，在专业考古人员和潜水人员的帮助下，采取抽水、阻水、分流、清淤等一系列举措，陆续发掘出20余具骸骨并运送出井。这些遗骸集中于距井口约10米，与地下河口相对的回水湾处，遗骸上部有厚约2米的堆积，说明埋藏时间并不是现在但也不算太久远，遗骸旁有局部腐烂的黑色打结棕绳和被棕绳捆绑后留有清晰痕迹的石块，部分遗骸被棕绳裹住，有明显的外力造成的致命伤痕迹，推测生前曾被捆绑并从高处坠落。经体质人类学专家鉴定，骸骨所属为15岁至25岁的青壮年男性，他们身高大约在1.37米至1.63米之间，体重都没有超过55.67公斤，可见身高明显偏矮，骨骼发育不佳。

经判定，这批从酒海井中清理出来的人体骸骨就是1934年被国民党反动派丢进井里惨遭残忍杀害的红军遗骸。遗憾的是，这些打捞上来的烈士遗骸，无法考证每个人的身份。

9月24日上午，酒海井红军纪念园内哀乐低鸣，一场特殊而隆重的安葬仪式庄严举行。覆盖国旗的红军烈士遗骸灵枢，在8名礼兵和多名红军烈士后代的护送下，缓缓走向红军冢，3000余名干部群众肃立两侧，向红军烈士致以崇高敬意。至此，长眠在井下的红军英灵终于入土为安。

青山肃立，绿水长吟。英雄虽逝，壮志长存。这段历史值得每个国人铭记心底，英雄的壮举将永远激励后人勠力前行。

四

湘江涂上暗红色

11月27日，一支穿着长短不齐、破破烂烂衣服的队伍来到界首镇，他们枪也不多，有的还拿着刀棍。村民们看着这些像"叫花子"一样的红军战士面容憔悴，他们太疲惫了，进了村子找个能靠的地方就躺下休息，屋里头、墙根下、竹篱边，甚至厕所里都有他们的身影。

村民们一开始都远远躲起来，因为按照广西军阀政府的说法，"红军是共产共妻的""红军抓到女人就要做老婆""红军杀人放火，见物就抢"。但老百姓看到的却和宣传的完全不一样，他们既不偷也不抢，还帮百姓打土豪、分田地，他们大多是农民的孩子，来到这里是有重要任务要完成。

这支军队是红三军团第4师，改编自平江起义的红军第五军。自战略转移以来，红三军团负责右翼屏护，而红4师始终走在红三军团最前方，发挥着尖刀队、急先锋作用，承担着逢山开路、遇水架桥的重任。

师长张宗逊，1908年出生于陕西渭南，18岁参加中国共产党，19 岁参加秋收起义。他作战勇敢、身先士卒，是"我军创始阶段的少数几个连长之一"。1927 年后，他主要承担护卫毛泽东的任务，为人刚正，即便在毛泽东受到"左"倾领导者排挤、政治上遭受挫折时，仍坚决追随毛泽东，以至于被博古认为有"毛派嫌疑"而被免去了师长职务。红军战略转移时，军委安排他任中央纵队参谋长，10 月下旬，在红军突破国民党军第一道封锁线时，红 4 师原师长洪超不幸牺牲，张宗逊临危受命，承担起师长的责任。政委黄克诚比张宗逊长 6 岁，出生于湖南永兴的农民家庭，1925 年加入中国共产党后，曾任红三军团第 4 师政治部主任、第 3 师和第 1 师政治委员，以及红三军团代理政治部主任等职，并在长沙战役和中央苏区历次反"围剿"作战中，指挥部队出色完成任务。他坚持真理、仗义执言，对临时中央的"左"倾冒险主义特别是攻打中心城市的军事冒险主义等行为坚决反对，也因此多次受到批判和降职处分，第五次反"围剿"以来，他被任命为红三军团第 4 师政治委员，率部充当全军前卫角色。

　　27 日下午 5 时，军委根据敌人部署和行动情况，命令"四师为先头师，有准备三军团及后续兵团前出到界首（不含）到兴安（含）地带的一般任务为目的，四师应派队到界首、兴安地带侦查渡河点及公路两旁的工事与兴安敌情，并派出有力的警戒部队以抗击之"。

界首是一座有着2000多年历史的古镇。隋唐年间，界首所在地有"湘源"称谓，意为湘江的源头。至明代，分设全州和兴安，其中全州属湖南，兴安属广西，该地恰在两省交界处，因此得名。

红军之所以选择界首渡口，一方面，此处位于湘江上游，江面宽仅100多米，水深较浅、水流和缓，方便架桥和徒涉；另一方面，此处原本就是圩镇，架设浮桥的材料方便征集，且当时属于全州和兴安共同管理，两县皆疏于管控；再一方面，自界首渡江后直接西行2公里就是桂黄公路，横过公路再行两三公里就能抵达安全的越城岭，那里已是密林区，对于躲避敌人空袭和追击都是有利的。

根据军委指示，红4师先头部队27日晚抵达界首，并驱离了当地反动民团，28日全部3个团到达指定地域。刚到界首，师长张宗逊和政委黄克诚便马不停蹄地展开战场勘察，发现光华铺这个小村庄正位于兴安北10公里、界首南5公里，东临湘江，西倚密林，扼控桂黄公路，是必取的咽喉要地。但此处基本是开阔的水田和坡度不大的丘陵，几乎无险可守，并不是理想的阻击战场。时间紧迫，当下没有更好的位置供选择，于是师部决定由团长沈述清、政委杨勇带领 10 团就地封锁了桂黄公路，并在公路东侧的小山上和西侧的小树林里布好工事，架起机枪，埋伏起来。12 团在团长谢嵩、政委苏振华的带领下在渡口东岸南面的渠口布防。11 团则被安排在桂黄公路西面石门及西北地域，团长邓国清、政委张爱萍。3 个团共同承担着阻击桂军从兴安县城北上攻击渡口的重任，这里是距离红军渡江点最近也是最重要的防线，可以说事关红军乃至共产党事业的成败。

当时，红三军团指挥部也跟随 3 师抵达，为了便于观察战场情况，彭德怀司令将临时指挥所设在道观三官堂，这里距离界首渡口不足百米、距光华铺仅 5 公里，而且是红军在门前架设浮桥渡河的必经之地，军团进驻后，宣传队还曾在堂前广场组织演出话剧、演唱歌曲，并向当地百姓宣传共产党和红军政策，赢得了当地群众的热烈欢迎。

为抓紧做好渡江准备，彭德怀派军团政治部主任袁国平到前线督战，并负责组织架设浮桥，迎接中央红军纵队渡过湘江。袁国平到前线后，要求沈述清和杨勇不惜一切代价坚守阵地，没有命令，不准撤出阵地；并派遣宣传部部长刘志坚到 10 团阵地鼓舞战士作战。当地老百姓响应红

　　　　　　　　　　　　　　丰　碑

军号召，划着平时送米的商船，将船排成一排固定在江中，卸下自家门板，拿来家用的油桶，砍来木头和毛竹搭在船上，和红军战士们一起搭建起了浮桥。

此时身在兴安的桂军发现红军已经占据了界首渡口，一方面抓紧调来一个师的兵力加强兴安防备，以防止红军南下攻占兴安甚至深入广西腹地；另一方面，出动多批次轰炸机对江上浮桥进行轰炸，并对修筑浮桥的战士和老百姓进行俯冲扫射。但战士们和老百姓并不气馁，敌人飞机来轰炸了就躲，飞机走后又冲回江上把损毁的浮桥修好，反反复复，敌人的目的未能得逞。

10团团长沈述清是湖南人，参加过平江起义并和彭德怀一起上井冈山，由于在反"围剿"作战中善打恶仗、作战勇猛，被任命为10团团长。29日夜里，他正组织阵地警戒，突然有多个手电筒在江边照出亮光，隐约看出一支军队正在江岸移动。当时3营营长张震第一时间发现这一情况，并报告给团长沈述清。沈述清知道这是敌人来了，但我方防御阵地距江边还有一段距离，江边当下正是不设防地域，于是沈述清抓紧命令1营前出至江边防御。此时，敌人正向着红军阵地摸索。距离越来越近，在手电筒的亮光中双方逐渐看清了彼此，于是伴随着一簇簇明亮的火花闪现，黑夜里双方短兵相接，展开了激战。

这一夜的战斗格外激烈，敌人虽然大部被消灭或者击退，但还是有一股敌人采取迂回战术攻下了渡口西岸。这时师部接到消息，军委纵队已经接近界首东岸！情势非常危急，正在指挥的团长沈述清听闻万分焦虑，如不及时拿下西侧渡口，军委纵队将面临敌人的近距离攻击，后果不堪设想。于是他亲自率领1营、2营直奔渡口，加强兵力与桂军混战。这期间军团指挥所所在的三官堂周围无任何屏障，敌人的炮弹随时可能落下来。狡猾的敌人在觉察到这里是军团部所在地后，将火力向这里集中，道观墙上千疮百孔，连房顶也被轰出几个大洞。敌人还屡次试图冲击，并曾两次攻到距离军团指挥所不足百米的地方，红三军团政委杨尚昆多次劝彭德怀转移，但彭德怀此时正在为前方阵地情况揪心，此处最利于指挥，他顾不上自己安危，坚持不肯离开。经过激烈战斗，我军终于夺回阵地，并抓紧巩固了工事、加强了防御。

战斗中我方抓到了几个冲过来又没来得及回撤的敌人，审问得知这是桂军第7军独立团和第15军第45师一部，共4个团。原本白崇禧实行的是做做样子的"送客"策略，但由于此前回师恭城引起蒋介石极大不满和严厉斥责，并命令桂军应按预定计划，"速以大军压迫"，"击匪半渡，务使后续股匪不得渡河"。而此时蒋介石正牢牢关注着战局，且刘建绪、薛岳、周浑元等其他各路军阀均表现积极，同时红军在各处受袭，损伤严重又有"败军"之相，于是白崇禧改变策略，开始对界首红军猛攻。他盘算着这样不仅可以加快红军渡江步伐，将红军"驱离"桂境，还可以对红军造成严重杀伤，从而向蒋介石邀功，因此桂军打得格外卖力。

30日的战斗是一场惨烈的"拉锯战"，由于地势平坦无所依托，双方几乎完全暴露在对方枪口下，进行面对面厮杀。我军各级指挥员带头冲在最前线，哪里最需要、哪里最危险，哪里就最有指挥员的身影，指挥员的率先垂范，既是一种无形力量，也给大家树起了榜样，全体战士前仆后继、视死如归。3营7连连长谢兴福上午受伤后坚持指挥，中午再次被子弹击中，最后英勇捐躯。由于伤亡惨重，3营只得被整编为预备队，但稍事休整就再次投入战斗。

此次战斗中，沈述清不幸中弹牺牲，杨勇也大腿负伤。杨勇出生于湖南文家市贫农家庭，自小参加劳动童子军。1930年成为中共党员，在红三军团历任连长、营长、师政治处处长等职。他身经百战，不惧炮火。曾有一次，他迎着枪林弹雨带头冲锋，一发子弹划破他的脸颊，顿时鲜血满面，他却毫不在乎，继续怒吼着冲锋，直到把敌人打得抱头鼠窜。现在他听到了沈述清牺牲的消息，悲愤交加，强忍着泪水咬牙把大腿中的弹片拔出，大喊一声"为团长报仇！"带队冲出战壕。

但队伍不能没有指挥员。彭德怀听闻沈述清牺牲的消息后，当即决定由师参谋长杜宗美火线接任。杜宗美，陕西兴平人，1927 年加入中国共产党，当年夏天在国民联军杨虎城部任连指导员。1929 年冬，红五军军委决定到鄂东南开辟新的根据地，并与大冶当地党组织研究，决定采取里应外合的办法智取大冶。杜宗美根据组织安排，干净利落地解决了该连反动军官，并把连队拉出来参加红军，配合第 5 纵队进攻大冶，俘虏了团长以下 1000 多名敌人。随后他正式加入中国工农红军第五军第 5 纵队，任第 2 支队大队党代表。当时纵队党代表何长工称赞他"很聪明，不但打仗勇敢、机智，还善于做思想工作"。后来因为在第五次反"围剿"中作战勇猛，被彭德怀称赞是红军中的"张飞"。在沈述清牺牲的紧急关头，杜宗美临危受命，立刻赶往 2 营阵地指挥战斗。然而当天下午，他在一次阵前反冲击中中弹牺牲。接连两任团长牺牲，部队更加陷入困境，此时幸有杨勇如顶天立地的柱石，支撑起杀敌的全部信念，他指挥得力、带头杀敌，几次危难中对敌人予以痛击。然而天黑时，敌军又占领了光华铺阵地，彭德怀急令已经撤至第二道防线的 10 团连夜反击，最终重新夺回了阵地。与此同时，周恩来正在湘江东岸指挥军委纵队抓紧渡江，为避开轰炸，渡江任务被安排在早上和夜里。

12 月 1 日的战斗已经达到白热化，桂军倚仗飞机大炮的轮番轰炸，同时利用人数优势反复冲击红军阵地，红军寡不敌众。中午时分，敌人两个团的兵力占领了光华铺阵地，红军组织多次反攻，但未能收复失地，只得退守至飞龙殿、碗塘岭、茅坪岭一带形成阻击线，此时，界首江面上敌人仍在疯狂地轰炸浮桥，红军工兵部队和老百姓不顾危险，多次修复浮桥，保证了军委纵队在上午 10 点左右安全过江并进入越城岭地域，后续的红五、八、九军团也已经接近湘江，彭德怀这时才率军团部撤离了三官堂指挥所。

随后，已经完成新圩阻击任务的红 5 师赶来支援，红军力量得到明显加强。虽然敌人后来又数十次地反复冲击我军阵线，但都被我军坚决击退。我军还在界首西南集结部队，继续把守渡口并向光华铺之敌发起反冲击。至 12 月 1 日晚上，除红八军团一部被敌打散，红三军团 6 师 18 团、红五军团 34 师被拦腰切断无法过江外，其余均渡过湘江。见军委纵队和红军主力全部渡江，且敌人仍然在不断发起猛攻，黄克诚催促张宗逊说，我们的阻击任务已经完成，应该指挥部队撤离了。但张宗逊认为自己并没有收到上级下达的撤退命令，仍应该坚守战位。黄克诚一听急了，说现在不撤，一会儿就没有撤退的机会了，甚至有全师被敌人吃掉的可能。当时，红军的最终决定权掌握在政委手中，黄克诚见事态紧急只得要求张宗逊迅速带队撤离，即便有失，一切后果由自己承担。如此这般，张宗逊才勉强带队撤出战斗。事实证明，黄克诚的决定是正确的，避免了 4 师被全歼的危险。

这次战斗红 4 师有 1000 多名战士长眠，10 团损失最为惨重，牺牲了两任团长，总伤亡达 400 多人，几乎占据全团半数。

关于红军将士英勇无畏的战斗场景，界首镇城东老屋场村的村民刘发育老人有着深刻记忆。他在 2016 年接受媒体采访时回忆了当年的情景。1934 年 11 月 30 日一早，9 岁的刘发育和村里几个男孩子准备偷偷去打仗的地方捡弹壳。走到村边的竹篱笆边上，猛然看到一个红军战士正面向南边端着步枪，蹲坐在土坑里。战士枪架得很稳，全身

丰　碑

一动不动似乎还在全神贯注地瞄准射击。刘发育从战士身后绕到侧面，可战士连头也没扭，好像没有发现他。刘发育觉得奇怪就凑上前，仔细一看，把他吓了一跳，原来红军战士已经牺牲了，但他至死也没有倒下，仍凛然注视前方！刘发育和几个同伴又往前走了两百米，地上有十多名已经被敌人机枪打死的战士仍保持着侧卧的战斗姿态。就在他们想赶紧离开时，一条水沟边上有一个受伤的红军战士在向他们招手，他壮着胆跑过去，那名战士虚弱地对他讲：“小鬼，搞点水给我喝。”他点了点头，就跑回村边的水井旁，用竹筒打了些水，一只手扶着红军战士的头，另一只手喂他喝水。红军战士口渴得厉害，一口气就把那些水喝完了。接连三天，那个红军战士都只向他要了水喝，却从没有要过吃的，直到第四天，红军战士牺牲了。虽然那场战斗已经过去80多年，但红军战士临死前还与敌人战斗，牺牲了也不倒下的英雄形象，却已在刘发育老人的心里留下了深刻的烙印。

红军战士以血肉之躯和大无畏的牺牲精神，为保护中央纵队顺利渡过湘江写下了英雄篇章。界首渡口也因此被称为“红军长征突破湘江第一渡”。

军魂永驻湘江畔

桂北流传着一首民谣：

英雄血染湘江渡，
江底尽埋英烈骨；
三年不饮湘江水，
十年不食湘江鱼。

　　湘江战役是中央红军突围以来最壮烈的一仗，红军战士浴血奋战，粉碎了敌人围歼红军于湘江以东的企图，但也付出了巨大代价，红军由出发时的 8.6 万人锐减到 3 万余人，从兴安到全州的 60 余公里战线上，几乎每一米多就有一人倒下。战役结束后，遗体漫山遍野，在位于湘江转弯处的岳王塘，由于上游不计其数的遗体漂来汇集，密密麻麻，几乎阻塞了江道，一眼望去，如同灰色的山丘，而烈士的鲜血则不断渗入江水，这灰色与红色的交映，是最壮烈的英雄色。罗荣桓曾回忆，当他抢渡湘江后，回头一望，身后就只一个扛着油印机的小战士跟着，江面上漂满了红军战士的遗体。

除了上述红一、三军团在光华铺、脚山铺、新圩英勇阻击敌人外，还有许多部队为了完成掩护任务，付出了极为惨烈的代价，有的队伍兵员骤减以致缩编乃至撤编，有的甚至全军覆没……

红五军团在湘江战役中负责殿后，在护卫军委纵队途中与敌军在水车地域发生了激烈战斗。其中，34师为完成使命，6000将士几乎全部阵亡，这支战功赫赫的雄师将鲜血洒尽湘桂大地，以钢铁后卫之名演绎了最为悲壮的绝唱。

红五军团是原国民革命军第二十六路军在江西宁都起义之后改编的。当时起义军共1.7万余人，而此时的红一、三军团，加起来也只有2万多人，所以这支队伍对于刚起步的红军是极为重要的核心力量，且红五军团原本就是成建制的正规部队，人员素质过硬，武器装备精良，可以说"来即能战"，初建即为骨干，在后来攻打赣州、保卫中央苏区、历次反"围剿"中屡立奇功。

军团长董振堂是当年宁都起义军的领袖，自幼习武，有勇有谋，1932年4月入党后，不到一个月即被任命为第五军团军团长，率部参加了赣州战役、漳州战役及第四、五次反"围剿"的几乎所有战斗。军团政委李卓然，曾和周恩来、蔡和森等赴法勤工俭学并在法入党，后转到苏联留学，长达9年的留学生涯使他在马克思主义理论上积淀深厚，擅长开展思想教育和组织动员工作。军团参谋长刘伯承是我军南昌起义的领导人之一，长期任红军总参谋长，参与指挥红军取得第四次反"围剿"胜利，但在第五次反"围剿"中，因反对军事顾问李德的教条主义和专横作风而被撤职，后降任红五军团参谋长。

红五军团善打硬仗是众所周知的，当时红军队伍中流传着这样两句话："红一军团打先锋，攻无不克；红五军团殿后，守无不固。""一军团的冲锋，三军团的包抄，五军团的马刀。"长征开始后，军委安排红五军团断后，负责与敌军追击部队接触，以迟滞敌人行动，成为掩护红军前进的最后屏障，在老红军伍修权看来就是挡住国民党恶狗的看门人。

自10月中旬以来，红五军团始终在中央纵队最后方保持安全距离，并向后警戒。在蒋介石尚未料到我军行动路线时，行动安全顺畅，待敌人料到我军意图后，追击更加凶猛。红五军团针对敌人追击情况，采取了由13师和34师交替掩护、轮番转移的措施，派遣侦察部队前出与敌人接触，在刺探敌情的同时迷惑敌人，隐蔽主力行动意图，抽调13师37团担任军团最后卫，以备紧急情况下能及时阻击敌人，为军团转移争取时间。

然而尽管部署严密，红五军团依然打得十分艰苦，一方面，由于始终处于队伍最后方，前面部队往往先筹粮，等到红五军团路过时几乎不剩什么粮食，特别是在一些人烟稀少的地带，甚至一整天都吃不上一顿饭。另一方面，由于始终处于被追击状态，且中央纵队本身行进速度缓慢，自身还携带很多物资，无法发挥灵活机动的作战优势，主动权始终掌握在敌人手中，我军往往是被动应战、且战且走，有时战士们刚要停下休息，狡猾的敌人就前来骚扰袭击，有几次几乎冲到军团部附近，搞得大家身心俱疲。刘伯承曾回忆，一天，他率领军团部及小部战斗队，在文市附近与敌人遭遇，当时在敌情未知和地形不明的情况下，有人建议干脆与敌人正面交锋，直接冲破敌阵。但刘伯承考虑到无法判断敌我力量强弱，且一旦接敌将暴露整个红五军团行踪，因而没有采纳这一建议，而是要求部队就地隐蔽，观察敌人行踪后再作决断。敌人果然没有发现红五军团。于是当日天黑之后，刘伯承要求每人在左臂上扎条白毛巾，一个接一个地鱼贯而过，终于在敌人眼皮底下成功脱险。

11月25日，军委下达了关于红军向全州、兴安西北之黄山地域进军的作战命令，要求"掩护部队（一军团一个师及五、九军团）应连续于潇水及营山诸隘口，阻止敌第三、第四、第五路军前进，当其急进时，则应坚决消灭其先头部队"。按照这一指示，26日，红五军团进入湘桂边界的蒋家岭地域。

当时红五军团下辖13师和34师两个师，共1.2万余人。红13师在师长陈伯钧的带领下屏护全军后方，自11月25日接到渡湘江命令以来，始终保持警戒和防御姿态，但直到29日进入广西，尚无大规模战斗发生。11月29日，13师进入文市，在收到敌人可能从湘、桂分数路围堵我军的消息后，形势迅速变得严峻，陈伯钧决定带队于次日拂晓离开，但刚走出文市不到3里，敌人就蜂拥而来，此时前锋部队行动迟缓，导致13师无法快速脱身，只得就地接敌，在泥口坪、马安山、鲁坚西北高地一线布防，并与敌人展开战斗，战斗持续到夜晚。此时敌人已在湘江岸大批聚集，正在渡口形成合拢之势。然而红五军团军团部已经与所属两个师师部中断了联络，陈云作为红五军团中央代表，内心十分焦急，千钧一发之际，他果断写信说："这是紧急关头，关系中国革命的命运，希望你们下最大的决心，赶快渡过湘江。"当晚陈伯钧接到了这封信，敏锐感受到形势已经到了十分危急的地步——必须火速撤出战斗、强渡湘江！然而此时部队已经和敌人昼夜激战，全体将士饥寒交迫、十分疲惫，但已顾不得休整。趁着夜色，在34师的掩护下，13师迅速脱离战斗，向渡口急进。由于界首渡口已被桂军夺取，次日13师只得改从界首下游12公里处的凤凰嘴渡江。渡过后，13师赶上了红军主力，继续担任后卫掩护部队前进。

在13师渡江后的几个小时，34师同样抵达渡口，然而此时已经失去了渡江的良机……

34师下辖100、101、102三个团，每个团1600余人。该师在红五军团内负责殿后，是红军的"总后卫"。1933年春，这支队伍由闽西游击队改编组建而成，成立以来一直是红军主力之一，斗争经验丰富，在第五次反"围剿"中发挥着中坚作用。

11月26日，34师进至道县葫芦岩地带，准备接替红三军团4师的阻击任务。此时，红五军团的军团长董振堂、政委李卓然和参谋长刘伯承研究形势任务后，决定召集34师领导骨干，研究部署任务。会上，董振堂先传达了

丰　碑

朱德总司令关于抢渡湘江的命令，介绍了当前国民党各路军阀部署情况，要求34师必须坚决阻止尾追之敌，掩护红八军团通过苏江、泡江。同时，对于各团任务也进行了明确：100团在前，迅速进至灌阳，接替红6师在枫树脚地域的阻击任务；101团居中，由师长陈树湘带领；102团在后，由师政委程翠林带队，在完成掩护红八军团的任务后西进至文市、水车一线，为主力红军通过灌江做好屏障。最后，军团首长反复叮嘱他们，此次任务十分困难，但必须坚决完成，一旦遭遇敌人猛烈攻击无法脱身跟进，则返回湘南转入游击战再择机追上主力。

按照这一部署，34师立即行动。11月28日，由团长韩伟带领的先锋团100团率先抵达灌阳猫儿园地区，并迅速占领了有利地形构筑工事。此时桂军一部从灌阳县城通过枫树脚地区，试图切断34师前往文市的通道，敌周浑元亦率领4个师的追击部队赶到。为了完成掩护红八军团任务，34师采取运动战的方式灵活阻击敌人，面对敌军的强大攻势，韩伟提出了"誓与阵地共存亡，坚决打退敌人进攻，保证主力部队抢渡湘江"的口号，全体战士同仇敌忾，与敌人殊死战斗。韩伟回忆，当时阵地上烟尘滚滚、杀声漫天，铁火与血浆交织横飞，前沿工事被打得稀巴烂，山上的松树只剩下枝干，将士们顾不上吃饭喝水，伤亡越来越大。许多指挥员不惧炮火，身先士卒，一位连长连中数枪，肠子都被打断了，仍忍痛坚持指挥战斗。

11月29日下午3点，军委给红五军团发来电报："五军团之另一个师廿九日夜应在文市河西岸之五（伍）家湾地域宿营，卅日晨应接替六师在红（枫）树脚、泡江以北的部队，主力应控制红（枫）树脚，顽强保持上述地域，以抗击灌阳之敌。"此时军委尚不知枫树脚已经失守，前往枫树脚接替6师的防御任务实际上使34师孤军行动、深入虎穴，但34师亦不知前方敌情，严格遵照军委指令赶往枫树脚。这趟行动路途格外艰辛，34师刚踏上水车灌江便桥，数架敌机俯冲而来，红军来不及躲避，被炸伤亡100余人，部队随后抓紧沿着大塘、立洛、洪水箐继续前进。34师在携带大量辎重情况下，艰难翻越1000多米高的观音山。30日上午10点，部队终于到达山顶，但此时敌军已经切断了前往湘江的道路，陷入崇山峻岭的34师只得转变路线，再度翻越了1000多米的宝界山，继续向湘江挺进，直到12月2日，人疲马乏的队伍才终于赶到新圩，而那时，他们面对的是超过自己数倍的桂军和湘军。敌人一拥而上，将湘江渡口完全封锁，34师完全陷入了重重包围。

丰　碑

师政委程翠林时年 27 岁。他 20 岁入党，当年参加了秋收起义，自 34 师成立以来，就在该师师团领导岗位工作。他对这群满怀革命热情的闽西青年有着深厚感情，自长征以来，他总是冲在队伍最前指挥战斗，即使屡屡陷入困境，他也总能带队冲出来，这次他依然坚信可以带领这些小伙子突出重围，追上红军主力。12 月 3 日凌晨，军委来电，命令 34 师沿建江北上经安和、凤凰嘴寻机渡江。程翠林收到命令后赶忙率部赴命，就在途经全州县文塘的新树村时，突遭桂军两个师伏击，双方在黄陡坡激战半天，当天下午，就在程翠林正通过电台与军委发报联络时，我军遭到敌军炮弹轰击，程翠林不幸遇难。此役 34 师伤亡惨重，有数百人牺牲。

考虑到当下附近湘江渡口均被敌人占据，且主力红军已完成渡江，34 师师长陈树湘和已经接任参谋长的王光道紧急召集师骨干研究行进路线，会上讨论决定寻找敌军合围薄弱处突围，返回灌阳后深入湘南打游击；如果突围不成，要为革命流尽最后一滴血。

陈树湘出生于湖南贫苦农家，在湖南浓厚的革命氛围中成长为共产主义战士。他机智勇敢，曾任特务连连长，红军第 2 纵队第 4 支队政治委员，独立第 7 师和第 9 师师长等职，在中央苏区历次反"围剿"战斗和开辟赣南闽西等革命根据地中作出重要贡献。

在向灌阳转移途中，陈树湘带领余部1000余人向东突围十分艰难，前来袭扰围攻的不只有国民党部队，还有许多当地民团。这些民团是由国民党军阀组织召集、编设和训练的，仅在灌阳县，民团人数就达到了四五千人，他们憎恨红军打土豪分田地、救济贫农的做法，常用十分恶毒的手段伏击红军部队。有的老红军后来回忆，民团常在红军前进的道路上埋设竹钉，这些竹钉先在火上烤，趁烫时泡入陈尿中，由此给竹钉加上剧毒，红军大多穿着薄鞋底的草鞋，一不小心踩到就被扎伤，毒性渗透到体内后造成伤口感染甚至溃烂，许多战士负伤掉队，甚至牺牲。

连续几天作战，部队十分疲惫，储备粮也所剩无几，又因身处山区，筹集粮食困难，指战员们困饿交加，一些伤病员由于缺乏药物医治伤情不断恶化，整支队伍陷入了前所未有的困境。12月4日，部队再次攀越了观音山，此时总兵员只有500余人。5日拂晓，敌人再次嗅到了红军的踪迹，桂军连同民团在洪水箐宿营一带对34师实施包夹，陈树湘带领部下奋起反击，力战至黑夜。在战斗间隙，陈树湘紧急召开会议，研究决定分兵突围，由他带领

300 余人向湘南地域突围，由韩伟带领 100 团 100 余人掩护殿后。

路上经过苗源地区，部队正组织渡过灌江时，敌军再度尾随而至，韩伟带部下奋力阻击，掩护陈树湘带队折返至八工田渡口过江，再翻越都庞岭转至湘南。100 团寡不敌众，最终被敌人打散，仅剩的 30 余人突围后秘密潜入群众中。

几日来，国民党地方民团如阴魂不散的幽灵，始终纠缠着这支疲惫的队伍，陈树湘曾带队试图从多个地点突围，都遭到了敌人的袭扰。9 日，陈树湘率部抵达道县空树岩，随后在转移到江永县上木岭时再次与敌军展开遭遇战。10 日，陈树湘带部过江永上江圩浮桥，又被闻讯赶来的道县立福洞地主武装袭击。从立福洞拼杀出来后，他们来到了江华县桥头铺附近的牯子江渡口。这里乍看江面安静无波澜，两岸密林寂寥无声，但连日来的频繁征战并未消磨掉陈树湘的敏锐和警觉，战斗经验丰富的他预判可能有埋伏，于是在乘船渡江时令全体指战员不得放松警惕，时刻做好战斗准备。果然，当船只行驶到江心时，来自道县、江华、宁远的保安团突然蜂拥而至。这些保安团由地方豪绅组织，名为维护当地治安，实则为国民党反动政府镇压人民、"清

"剿"红军。顷刻间枪声四起,一场险恶的遭遇战瞬间爆发。由于红军在江、敌人在岸,且敌众我寡,形势对我十分不利,战斗进行得格外惨烈,所有战士拼上全部力气,重伤不叫喊、轻伤不下火线,顽强抵抗着强大的敌人。血战中,始终冲在一线指挥的陈树湘被敌人的枪口瞄准,一颗子弹飞来,瞬间在他的腹部炸开了血花,陈树湘身负重伤,但他忍着剧痛,只是进行了简单包扎,并要求战士们用担架抬着他指挥,终于部队艰难渡江。他深知战线越长、时间越久,对红军越不利,这样的消耗战只会使自己陷入绝境,于是他命令部队边打边撤,带领队伍突破敌人的层层堵截,打退敌人的一次次追击,经江华县的界牌,道县的井塘乡、蚣坝镇,向四马桥镇前进。然而敌人仍穷追不舍,早已疲惫难熬的红军战士们饥寒交迫,尽管用尽力气,仍无法摆脱敌人。

11日,红军队伍赶到四马桥镇早禾田村,形势危急,陈树湘在担架上和王光道等骨干开了紧急会议。他觉察到如今队伍已陷入孤立无援的境地,且敌人始终没有放松追击,原计划尽快追上大队伍已无可能。为了避免更大伤亡,尽可能多保留革命火种,他决定改变原路退回的计划,转战九嶷山。考虑到自己伤势严重,他将突围的任务交给王光道，要求他带队，尽可能灵活机动，冲出去几个算几个，突围后在洪塘营瑶族乡的牛栏洞再行汇合，自己则带少部分人员留下来掩护。

12日，敌保安团一众从陈树湘预置的馒头岭阻击阵地正前方蜂拥而来，陈树湘迅速组织战士们还击。突然，从馒头岭背后出现一支敌军，仔细看，是从宁远鲁观洞方向赶来的省保安军成铁侠部，一时间敌人形成前后包夹之势，前有阻敌，后有追兵，形势十分严峻。陈树湘当机立断，命令一个班坚守馒头岭，抵挡面前敌人，他自己则不顾劝阻，拖着受伤的身躯挣扎着从担架起身，带领另一个班抢占馒头岭对面山头打掩护，此时两个阵地呼应，形成一道火力封锁线。王光道见时机已到，带领余部迅速突破，冲出了敌人的包围圈。

此后，突围而出的王光道率领这支不足百人的队伍转战道县、永明，并在宁远鲁观洞、道堂、汪井一带与追击的国民党保安团激战。14日，王光道在宁远南海一带英勇牺牲，2位营长被俘。此后，一位副连长作为唯一尚存的指挥干部带领余下90余人且战且退，转移到宁远、蓝山交界的深山老林中。21日，经蓝山汇源至茶盘坪，被保安团包围，经过激烈战斗，红军有的战死，有的被俘，有的被冲散。

负责掩护的陈树湘部与敌人奋力搏杀，最终大部分壮烈牺牲。陈树湘知道此劫难逃，便命部下高春林化装后设法突围、追上主力纵队，报告34师不负军委所命，完成了掩护任务，即便只剩一人，也要归队还建。此时仅剩下三员战士跟随着他，他让三人不要管他赶快冲出去，但三名部属不忍心丢下师长，强行将陈树湘抬上担架，带他转移到了馒头岭的一个较为隐蔽的岩洞。此时大部分敌人被王光道的部队吸引而去，陈树湘得以短暂地休息，但他的伤势却越发严重。此时，当地的老百姓得知陈师长负伤隐蔽在山洞，自发地悄悄派人给他带去食物和药物。

17日，没有发现陈树湘的敌人仍然阴魂不散，开始漫山遍野地搜寻。随后陈树湘紧急与两名通信员转移，结果到山下洪都庙时被道县"铲共义勇队"抓捕。敌人得知陈树湘的身份后欣喜若狂，他们想从陈树湘口中得到更多的红军情报，于是软硬兼施，一面给他送饭治病嘘寒问暖，一面又威胁他逼迫他，然而无论如何都遭到了陈树湘的拒绝和痛斥。

18日上午，敌人抬着伤重昏迷的陈树湘正准备去道县县城邀功领赏，就在行至道县县城东南的蚣坝镇石马神

丰　碑

村时，陈树湘苏醒过来。他早就将生死置之度外，且立过"为苏维埃新中国流尽最后一滴血"的坚贞誓言，于是他抱定信念决不当敌人的俘虏，趁敌人不备，忍着剧痛将腹部伤口处露出的肠子一把绞断，为革命英勇捐躯，时年29岁。凶残的敌人没有罢休，他们将陈树湘的遗体抬到道江镇齐家湾拍照，还割下了陈树湘和他的两名通信员的头颅，装在篾笼里，在道县县城示众近两天。随后又把陈树湘和两名通信员的头颅一起送到了伪省政府，领赏一万元。20日下午，敌何键的"追剿总司令部"将陈树湘的首级悬挂在他的家乡长沙城小吴门外中山路口的石柱上，还张贴了布告。这里正对着陈树湘的家，家中是他年迈的母亲和新婚的妻子，而他自从秋收起义走入革命的队伍，与亲人一别已是7年，此刻更是无声的永别。当地百姓感念这3位无私为民、英勇无畏的红军战士，冒着生命危险将他们的遗体安葬在了道县城潇水河畔上关桥头的飞霞山下。

在全州县委帮助下，高春林化装过江，历经千难万险终于追上红军主力纵队。他也成为34师唯一归还建制的人。100团团长韩伟、3营政委胡文轩和5连通信员李金闪在掩护陈树湘突围后被敌人步步紧逼，后跳崖被救未亡，其中韩伟隐蔽多年，于抗战期间返回部队，后屡立战功，

1955年被授予中将军衔，他也是34师唯一幸存的团以上干部。

遵义会议期间，听过红五军团政委李卓然汇报的34师战斗情况后，毛泽东感叹道：中央红军长征初期突围出来，实行的是打狗战术，34师是一支名副其实的打狗队，前有敌人，后有追兵，拿棍打狗，边打边走，打不胜打，当然损失最大。很多年后，周恩来在《党的历史教训》中回顾湘江战役时，很沉痛地说起34师：我们一个师被截断了，得不到消息，牺牲了。

习近平主席也曾于2014年在古田举行的全军政治工作会议上深情讲述了陈树湘"断肠明志"的英雄事迹，后来又多次提到陈树湘的故事，可见习近平主席对这位革命英烈的深切缅怀和敬意。

除了红五军团34师外，红三军团6师18团也用鲜血书写了壮丽的英雄诗篇。

11月30日下午，已经连续作战3天、伤亡惨重的红5师在确保红军军委纵队和主力完成渡江后，按照军委命令，迅速撤出战斗渡江，余下防务交由红6师接替。

红6师是1933年红军整编时新成立的，前身是大名鼎鼎的"兴国模范师"，于1932年10月组建，其大部分指战员是从江西兴国的少先队、赤卫军择优挑选的，是中央苏区唯一一支整师从地方武装上升为主力师的部队。入列后，纵横战场，颇有威名。自战略转移以来，其下属第16、17、18团，共5000余人。

当天傍晚，红6师抵达湘江东岸新圩，负责后续阻击任务。此时，桂军仍不放弃截断尚未渡江的红军部队，集中3个师的兵力继续对新圩阵地红军进行疯狂进攻，6师师长曹德清和政委徐策指挥部队坚决有力地打退了敌人一波又一波的猛攻。一直战至午夜，敌情不缓反急，为保留有生力量，军委令6师主力尽快渡江，师指挥所研究后决定16、17团先行，留下18团执行掩护和接应任务。此时负责光华铺防守的红一军团已撤，界首渡口失守，16、17团只得趁着夜幕遮掩就近泅渡，一些不会水的战士只能将几根背包绳拼接在一起，由会水的战士拉着徒涉渡江。至此，仅剩18团以一团之力阻挡七倍于己之敌。

18团团长曾春鉴和参谋长吴子雄深知形势危急，双方兵力火力悬殊，又是阵地防御战，恐难以支撑太久，但当下为保证后续部队安全过江，他们必须率部死守。两人研究后决定下属三营分兵布防：两个营布防新圩南面楠木山村附近的炮楼山，一个营扼守陈家背。

12 月 1 日早晨，一场不可避免的血战正式拉开，敌人依靠凶猛的火力和人数优势对 18 团阵地展开疯狂进攻，18 团全体指战员毫无惧色，用手榴弹、机枪、步枪顽强抵抗，弹药消耗得差不多了，就挥起战刀，与蜂拥而至的敌人近身肉搏，以血肉之躯挡住敌人一次又一次的进攻。

楠木山村有个村民叫易炳宣，当时年仅 18 岁的他目睹了惨烈战况，时隔数十年仍记忆犹新："桂军是从马渡河打过来。从村后向红军打来，红军叫我们不要出门，他们就在那边山上（炮楼山）和桂军打了起来。那仗打得啊，子弹从好远的地方都打到我家的楼板上，有的还穿进墙来……枪声慢慢稀了，我看见桂军密密麻麻从炮楼山那边开了过来，也没进村，就往新圩那边追过去了。我是躲在屋子里透过窗户看到的。桂军走了以后，我们村上的人过了两天才敢到那边山上去看，山坡上到处是尸体，尽是些十几二十岁的红军啊！太多了，村上的人埋不过来了，只好把尸体推到战壕里，又把土盖上。"

眼见敌人攻势难以抵挡，为避免全军覆没，18 团边打边撤，桂军随即占领了炮楼山，18 团整体向陈家背阵地收缩，但敌人像疯狗一样又扑咬过来。到中午时分，敌人的包围圈越来越小。18 团分散突围，一部深陷无法脱围，尽

　　　　　　　　　　　　　　　　　　　　丰　碑

管此时他们几乎弹尽粮绝，仍拼死抵抗，最终全部牺牲。另一部在曾春鉴率领下突出重围，向湘江岸边转移，但又被沿途国民党民团发现，在全州古岭头一带全军覆没。

红八军团是这次长征出发前才仓促组建的新军，这支年轻的部队在湘江战役中同样谱写了一曲悲壮的英雄曲。

这支军团下辖21师和23师。其中21师以闽赣军区第61、62团为基础，当年8月才刚组建编成；23师原是中央警卫师，自1933年成立来就一直承担着保卫红都瑞金的重任。两支部队先后在保卫红色根据地的数次战斗中遭受严重损失，特别是经过第五次反"围剿"的鏖战，中央警卫师损伤近半，21师更是仅剩不足千人。在这种情况下，1934年9月，中央紧急决定将两支队伍合编为红八军团，彼时已经酝酿战略转移，战斗兵员亟须补充，于是就在根据地附近紧急招募新兵、发放枪支，充实战斗队伍。当时整支部队一万余人，枪支却不到3000支。

时任21师62团政委的温玉成年仅19岁，他对当时的情况记忆犹新："由于战事频繁，红八军团没来得及集中起来开一个成立大会，许多战士也没来得及进行起码的军事训练便投入战斗，参加了长征。"老红军刘华连也曾回忆："根本就一直没有练过枪法，只是把子弹给他以后，告诉他怎么开枪就是。这还算好的,有的战士手里的枪连子弹都没真正打出去过,甚至许多人连枪也没有。"正是考虑到部队新组建又要背井离乡,出于保持部队战斗力和稳定性的要求,中央以刘少奇为中共中央代表,参加红八军团的领导工作。

红军长征时,红八军团受命作为侧翼屏护,保护军委纵队和红军主力,其间与敌军展开多次激烈战斗,这支部队虽然新兵多、经验少,却丝毫不胆怯,展现出英勇无畏、机智善谋的可贵品质。其中,小战士曾昭突发奇想,用树枝撑起帽子迷惑敌人,吸引火力,自己则迂回过去打敌人个措手不及。战士朱勇则眼见快爆炸的手榴弹落入我方队伍,自己舍身压在手榴弹上,英勇就义。对缴获的武器弹药财物,红八军团无一人私吞,刘少奇都称赞这对于一支新队伍而言难能可贵。

突破了敌人 3 次围堵后,红八军团损失很大,中央已决定将军团缩编为一个师,然而此时湘江战役在即,部队来不及整编就奔赴了战场。

此次任务十分艰巨,敌人集结重兵围堵,红八军团依然负责侧后翼掩护,边打边撤。由于时常与敌人鏖战,红八军团与前方部队的距离被拉得很开。11 月 30 日,军委纵队和红军主力已有一半渡江成功，而红八军团还在灌阳战斗，此地距离湘江渡口仍有四五十公里。军委要求红八军团折返到水车地域联络并支援红三军团6师。然而形势变化很快，6师此时已经赶到红八军团前方，但红八军团并不知道，仍然按指令向水车前进，结果白白走了半天弯路。在这种争分夺秒的危急时刻，片刻耽误都关乎生死。时至夜晚，红军大半部主力已经过江，敌人追赶而来，全都拥在湘江岸边，没有来得及渡江的部队就遭到了敌人的疯狂进攻。红八军团被敌人穿插割裂，一时间，炮火横飞、硝烟弥漫、喊声震天，建制乱了、指挥乱了。军团长周昆试图控制住部队，却发现力不从心，只得要求中央警卫师负责抵挡敌人，其余指战员一律向湘江岸边冲。

　　双方激战一夜，12月1日上午，部分指战员突围到了湘江岸边，但此时负责掩护的红九军团和红五军团一部已经成功渡江。江上浮桥已被敌人炸毁，万不得已，他们只得涉水而过，但此时敌人早已架好了枪炮、上膛了弹药，正在渡江的我军战士悲壮地成为敌人攻击的活靶。成功渡江的指战员望着在江中挣扎着、牺牲了的战友们，肝肠寸断、泪涌如注。当时，已经渡江的政治部主任罗荣桓问军团长周昆，成功渡江的有多少红军，周昆沮丧地摇头说，不知道，伤亡太大了。当晚部队重新集结于湘江西岸，原先万余人的队伍此时仅剩不到千人。后来队伍追上了主力部队，由于战损过大，军委决定撤销红八军团编制和番号，所余人员转隶至红五军团。

至此，成立不到 3 个月的红八军团为完成掩护任务几乎流尽了全部鲜血，以短暂而悲壮的历程永载我军史册。

由于损失惨重被撤销编制的还有一支特殊的队伍，这支朝气蓬勃的队伍由一群最大 18 岁、最小只有 14 岁的少年组成，这就是著名的娃娃军——少共国际师。这支队伍存在的时间十分短暂，却以非凡的勇气和坚韧的意志屡建奇功，特别是湘江战役，全体指战员奋不顾身、无惧生死，以弱小的身躯筑起血肉长城，为军委纵队和后续军团撑开了一条渡过湘江的西进通道，在我军历史上留下了浓墨重彩的一笔。

这支队伍成立于 1933 年春夏交接之时，彼时蒋介石正磨刀霍霍，准备对中央苏区实施第五次"围剿"，时任红一军团总政治部青年部部长的萧华深知此次敌军力量强大，将对中央苏区造成极大威胁，红军急需扩大战斗队伍。于是在 5 月召开的全军青年工作会议上，他邀请红军总司令朱德、政委周恩来和政治部主任王稼祥出席，并在会后专门向周恩来提出了建立"少共国际师"的倡议，周恩来向党中央汇报后，建议得到了批准。

随后少共苏区中央局发布了《关于创立"少共国际师"的决定》，指出"须要更快的完成扩大一百万铁的红军的任务……因此创造'少共国际师'是最迫切的任务"。经过紧急征调，根据地少年踊跃支持，不到3个月就有一万多人报名。1933年8月5日，江西博生人头攒动、红旗飘扬，这里正在进行的是"少共国际师"的授旗典礼，一排排稚嫩的面孔穿着军装昂首挺起笔直的身躯器宇轩昂地站立着，他们高呼着口号："我们是工农的儿子，高举着'少共国际师'的旗帜，坚决消灭帝国主义国民党，准备以最后一滴血为着苏维埃奋斗到底！"惊天动地。9月3日，就在这里，周恩来参加了少共国际师出征誓师大会，他勉励小战士们："要爱护你们光荣的战斗的军旗，英勇奋斗，把它插遍全中国！"

这支队伍的政委就是队伍的发起人——萧华。萧华出身贫苦，父母都是共产党员并在革命斗争中牺牲。他继承父母遗志，12岁就加入了共产主义青年团并随即参加兴国暴动。1930年正式成为共产党员后，萧华展现了非凡的军事指挥和思想政治才干。在罗荣桓的培养下，萧华小小年纪就担任红四军军委青年委员、特务营政委、30团政委。

时任中央委员的毛泽东对罗荣桓说："这孩子日后会有大出息。"任少共国际师政委时，萧华才17岁。

誓师过后，这支队伍随即展开系统训练。这些战士年龄虽小，却不怕吃苦、虎虎有生气。后任该师师长的彭绍辉曾在自己的日记中记录："这个部队的特点是青少年多，生气蓬勃，紧张、活泼，且能吃苦，打仗勇敢，部队中共青团员占百分之七十以上。战士平均年龄只有18岁，还有不少十四五岁的红小鬼……部队正利用战斗间隙进行军事、政治训练，主要内容为：射击、投弹、刺杀技术，以及单个战斗，班（排）战术训练。部队学习情绪很高，练好本领消灭敌人的空气很浓。"

在第五次反"围剿"中，小战士们初生牛犊不怕虎，勇敢走上战场，其中涌现了许多可歌可泣的英雄事迹。战士李庆生，被敌人死死卡住喉咙，毫不犹豫地引爆了手榴弹，与敌人同归于尽。战士朱根林，为了给战友创造生机，即使被敌人刺刀刺中胸口仍死抱敌人不放。初战告捷，军委对他们高度赞扬，称他们是"铁拳初试"。

随后的战斗日渐艰苦，第五次反"围剿"最终失败，少共国际师与红军其他队伍一起，踏上了漫漫长征路。此时少共国际师已改称红15师，隶属红一军团，政委仍是萧华，师长则由彭绍辉接任。彭绍辉也是一员铁血虎将，出生在湖南贫苦农家，14岁当雇工，后来弃农从戎，参加了彭德怀的平江起义。时年28岁的他已是身经百战，因作战勇猛屡屡立功，也屡屡负伤。一年前他任红1师师长时率部参加草台岗霹雳山战斗，左臂连中两弹，臂骨被击碎，仍带伤指挥，以至于延误救治，因伤势过重只得截去左臂，成了独臂师长。

在向湘江转移时，萧华、彭绍辉两人带领15师与1师、2师并肩战斗，夹击全州来犯之敌。在湘江岸边，上级命令15师以两个团的兵力在湘西延寿圩构建防御工事，以保卫渡口，掩护主力渡江，另以一团兵力配合红五军团在全州东南的鲁塘圩牵制敌军。

连续5天的战斗打得很苦，红军面对的敌人有飞机大炮，火力远比他们强大，兵力也是他们的数倍，且敌人始终是主动进攻的一方，15师只能背靠湘江作被动防御。战斗持续到12月1日傍晚时，主力部队已成功过江，此时形势危急，敌人开始对仍然坚守的15师实施切割包围。红军指战员们发现危险后，决定迅速收缩兵力跑步过江。江对岸的红一军团领导同样心急如焚，连忙派兵西渡回防，接应15师。彭绍辉和萧华在友军协助下惊险渡江，然而此时回头又发现有一个团在临近凤凰嘴渡口的高地上身陷重围、难以脱身，这支部队在副团长许开基的指挥下与敌人缠斗，伤亡越来越大，许开基和许多领导干部都牺牲了。救兵心切的彭绍辉和萧华又率部分兵力折返援助，终于救出了余下战士，再度东渡湘江。

这次战役是少共国际师打得最为艰难，也是伤亡最为惨重的一仗，战役结束时这支队伍仅剩 2700 余人，后来在部队整编时撤销番号。至此，这支存在仅 1 年 6 个月的部队以英雄的方式永远定格在了红军的功勋碑上。

值得一提的是，这支娃娃军中许多骨干为党和军队作出重要贡献，有 20 余人成长为共和国将领，政委萧华荣至上将，曾任全国政协副主席；首任师长陈光，曾任广东军区副司令员兼广州警备区司令员；第三任师长曹里怀荣至中将，曾任空军副司令员；第四任师长彭绍辉荣至上将，曾任解放军副总参谋长；等等。

英雄长眠，丹心千古。这些可歌可泣的英雄事迹只是整个湘江战役的缩影，可以说，每次战斗都是壮烈的，参战的每名战士都是英雄，他们的血没有白流，他们的事迹值得永念！

丰　碑

六 ★

重整行装再出发

在战略转移的伟大征程中，红军屡立奇功，创造了许多以少胜多、以弱胜强的经典战例，这些如我军历史上的璀璨群星，炫耀夺目。相对而言，湘江战役略显暗淡。还有人认为，湘江战役中红军损失惨重，它带来的不是成功经验，只有血的教训。然而，湘江战役的意义不是数字所能体现和衡量的，从历史发展的大趋势看，这次战役使红军遭受了重大损失，这是博古、李德掌握党中央、军委的领导权决策权，在思想路线、战略方针和军事指挥等方面造成系列错误所导致的结果。虽然这是一次低谷期的挫折，但同样也是衰落期的终结、上升期的开端。这次战役如凤凰涅槃的烈火，促使广大指战员深刻反思，为红军步入正轨、节节胜利、重整行装再出发奠定了坚实基础。

湘江战役粉碎了蒋介石集团消灭红军的图谋，使红军及时摆脱了敌人的死亡封锁，以巨大牺牲挽救党和红军于危亡，是一次名副其实的胜仗。

有一种观点认为，湘江战役中红军损失惨重，是一次惨败。2009年，某杂志的一篇文章直接将湘江战役列入"解放军史上的十大败仗"。评价一次战役的胜败，伤亡并非决定性的，也并非唯一的评判标准，最重要的考量因素是战略意图是否达成。湘江战役开始前，红军和国民党军阀的目的十分明确。红军方面，11月25日中共中央向全体军团下发了《关于野战军进行突破国民党军第四道封锁线战役渡过湘江的政治命令》，其中明确"我野战军即将进行新的最复杂的战役，要在敌人优势兵力及其部份的完成其阻我西渡的部署条件下，来突破敌人之第四道封锁线并渡过湘江"。可见，红军的目的是突破封锁线和渡江。国民党军方面，11月19日，"追剿"军总司令何键在蒋介石的授权下，向参加此次湘江战役的薛岳、周浑元、刘建绪等各路军阀发出《关于围歼中央红军于湘、漓水以东的命令》，其中明确"本追剿军以彻底消灭窜匪之目的，决分五路追堵，与桂、粤两军协力将匪包围于漓、湘两水以东地区而扭聚歼之"。最终的结果是红军如愿以偿渡江，国民党的计划宣告破灭，这是得到双方公认的历史事实。国民党一方，作为总司令的何键战后发布了《关于未能消灭中央红军于湘江以东地区的通电》，其中写道："敝部奉令追匪〔剿〕西窜股匪，未能达到歼匪于漓水以东地区之任务，实深惭悚……"而在我军高级将领的回忆录中，经常可以看到关于对湘江战役胜利的歌颂和感叹，时任红一军团第1师政治部主任的谭政大将后来回忆道："全州战斗，是长征战役中比较激烈的一仗，也是突破封锁线最后的一仗。全州战斗虽然没有给敌人以创巨痛深的打击，歼灭其有生力量，然而在天然的地形和人为的困难的条件下，七八万人的行军，从敌人重重封锁、重重配置的火网中从容不迫地过来了，又一次证明了红军的无坚不摧和其本身之牢不可破，宣告了敌人之无能与追击堵击截击计划之破产。全州战斗，我们在战略上是完全胜利了。这一胜利，在长征历史上，永不失其光辉的意义。它展现了胜利的前途，奠定了在云、贵、川活动和从此转入川西北之顺利条件。"

此次战役，我军坚决执行了党的决定，完成了突破敌人的第四道封锁线这一重大而艰辛的任务，其意义不止于一次战役的胜利，同时也是使敌人常年妄图消灭红军的计划落空，更是对敌嚣张气焰的有力打击。陈云曾在《随军西行见闻录》中这样总结：红军一出此四道封锁线，如虎出柙，可以东奔西突矣。微闻兴安桂军之撤退，系与红军订立互不侵犯条约。而南京政府蒋委员长几年来碉堡政策与"剿共"军事，全部付之东流矣。

此后，红军主力渡过湘江，进入了桂北越城岭山区，此处山脉绵延、山高林密，敌人无论是空中侦察、装甲突击还是火力攻击都受到很大限制，追击变得困难，红军得以在高强度的转移和激战后获得难得的休息时间。之后虽然敌人再次集结重兵，多次在我军战略转移的路线上进行围堵截击，但都被我军逐一化解。可以说，湘江战役是红军史上一个化危为安的重要节点，此后，我军愈加发展壮大，步入了更加成熟稳健的发展阶段。

"左"倾主义思想的泛滥和宗派主义的盛行对革命事业造成了严重损害，湘江战役使更多人认识到，必须立刻回归正确的思想作风和路线方针。

"左"倾主义路线问题由来已久。20世纪30年代初期，在共产国际扶持下，王明掌握了党中央领导权，开始大肆推行"左"倾主义路线，他也是我党第三次"左"倾主义路线的始作俑者。毛泽东曾在1961年一次与外宾的谈话中谈到，三次"左"倾机会主义路线都是在十年内战时期产生的，"第三次是王明路线，时间最长，统治全党达四年之久。这条路线是共产国际制造的。当时，王明发展了李立三的错误，在军事、政治、组织等一系列问题上，坚持错误的冒险主义，结果把南方根据地丢掉了，但实际上是由于犯了路线错误，被敌人追赶得不得不走的"。

博古原名秦邦宪，是王明在莫斯科中山大学的校友师弟，和王明一样，在马克思主义理论方面有一定研究，但同样缺乏中国革命的实践经验。在王明的支持下，只有24岁的博古回国不久就成为临时党中央政治局常委，他效仿王明，继续推行"左"倾主义路线方针。

李德是共产国际派遣来华的德国人，他为苏联红军总参谋部工作，来到中国本是执行救人任务，由于先前与王明、博古熟络，阴差阳错开始参与红军的军事指导。1933年9月，受博古邀请，李德以军事顾问的身份来到中央苏区。对于博古来说，李德的出现可以使他的"左"倾主义路线得以在军事上贯彻实施，为此，他曾下指示赋予李德超出顾问职责的最高权限："前方来的电报，都要先送到李德住处，查明电报所述的确切方位并完成翻译后，绘成简图由李德批阅。批阅完毕提出相应的处理意见，再译成中文送给军委副主席周恩来。周恩来根据来电的重要程度，一般问题自己处理，重大问题则提交军委或政治局讨论。"在博古的支持下，李德职务虽仅为"顾问"，却几乎完全掌握了军队的领导权，其推行的错误战略战术也得到了博古的大力支持。后来博古、李德、周恩来组成了"三人团"，负责党和红军的全面领导，由此，"左"倾主义路线在共产党和红军中占据了统治地位。

博古在政治上非但不注重坚持真理、团结同志，反而搞宗派主义、团团伙伙。自 1933 年 2 月起，持续到红军长征开始前，博古、李德的做派对党内正确的路线和作风造成了很大伤害，许多正派能干的干部遭到迫害，特别是毛泽东坚持真理、实事求是，坚决反对博古、李德的错误路线，得到了很多人的拥护，却被博古、李德认为是对其领导权的威胁，遭到了严重压制和排挤，很多支持他的人也招致了不公的对待。时任军委总参谋长的刘伯承一直坚持独立思考，不随波逐流，"不能一见旗帜就拜倒"，他在许多战略决策上与毛泽东有着相同的看法，同样不能容忍李德置广大红军指战员的生命安危于不顾，在不切实际的指挥策略上一意孤行，因此屡屡建言，结果遭到报复，使这个总参谋长"在作战指挥方面已无事可做，只好管管红军学校和后方医院一类的事情"，后来直接降为红五军团参谋长。时任闽赣军区司令兼政委的萧劲光，一直是毛泽东的支持者。博古、李德也寻由将其关押，扬言要对其实行"公审"，开除其党籍军籍、判刑入狱，甚至直接杀掉。在毛泽东等人的极力保护下，萧劲光最终没有被杀，也没有入狱服刑，而是被派去红军大学任战术教员。特别是有一些多年来为党出生入死、有着丰富作战经验的优秀指挥官由于看不惯博古、李德的做派而被留下来不能随主力转移，为此毛泽东十分焦急。他曾要求让瞿秋白等人和红军主力部队一起转移，但遭到了博古的拒绝。

要说遭受打击最厉害的还是毛泽东本人，他不仅政治上被撤销苏区中央局书记职务，军事上也被撤销红军总政委和前敌委员会书记职务，完全丧失了党和红军的领导指挥权。他曾回忆那段艰难的处境："我就在一个房子里，两三年一个鬼也不上门。我也不找任何人，因为说我搞宗派主义，什么邓、毛、谢、古。其实我连邓小平同志的面也没有见过。后来说在武汉见过，但是我一点印象也没有，可能见过没有谈过话吧！那时，给我戴的'帽子'就多了。说什么山上不出马列主义，他们城里才出马列主义，可是他们也不调查研究，我又不是生在山上的，我也是先在城市里，后来才到山上来的。说实在的，我在山上搞了几年，比他们多了点在山上的经验。他们说我一贯右倾机会主义、狭隘经验主义、枪杆子主义等等。""他们迷信国际路线，迷信打大城市，迷信外国的政治、军事、组织、文化的那一套政策。我们反对那一套过'左'的政策。我们有一些马克思主义，可是我们被孤立。"李德则回忆，在红军长征前，"他（毛泽东）几乎完全引退了"。

在遵义会议决议上，有这样的叙述："政治局扩大会认为××（指博古）同志特别是华夫同志的领导方式是极端的恶劣。军委的一切工作为华夫同志个人所包办，把军委的集体领导完全取消，惩办主义有了极大的发展，自我批评丝毫没有，对军事上一切不同意见，不但完全忽视，而且采取各种压制的方法，下层指挥员的机断专行与创造性是被抹杀了。在转变战略战术的名义之下，把过去革命战争中许多宝贵经验与教训，完全抛弃，并目之为游击主义，虽是军委内部大多数同志曾经不止一次提出了正确的意见，而且曾经发生过许多剧烈的争论，然而这对于华夫同志与××（即博古）同志是徒然的。一切这些造成了军委内部极不经常的现象。"

博古独断专行，在党中央和红军进行战略转移的重大问题上，甚至没有经过组织程序，完全由个人决定，虽然

丰　碑

当时名义上中央由博古、李德和周恩来组成的"三人团"负责，但分工中周恩来只负责执行，博古和李德分别掌握政治和军事大权，对于大转移事，周恩来也无法参与决策。朱德作为红军总司令，也是临近出发才被通知，他曾说过这使他很伤心。彭德怀也曾回忆："最奇怪的是退出中央苏区这样一件大事情，都没有讨论过（我是从一九三二年三月中央局江口会议后，就没有参加过任何会议，当时，我不是中央委员和中央局委员，但听说其他中央委员也是如此）。"

在军事上，博古和李德完全照搬苏联红军战斗模式和正规战经验，采取了错误的战略战术。陈云曾回忆，湘江战役期间红军将各军团每天的行军路线都规定死，即使有特殊情况也不能离开自己的预定路线，只能按照纸上画好的直线笔直前进，结果到处遭到敌人的迎击。"他们老早从地图上知道我们将经过何地，走向何方。""敌人有汽车等转运工具，而我们则走直路，坚持不肯改变方向。"遵义会议将军事上"左"倾错误路线的表现归结为三个方面：一是进攻中的冒险主义，当时红军的装备远不及国民党军，但博古、李德过高估计红军的力量，同时又没有客观评估国民党军的战斗力，过于冒险地让红军直接攻打敌人据守的大城市，不仅久攻不下，反而造成了极大的不必要的物力损耗和人员伤亡，同时又不注重扩大红军、加强苏区，导致我军实力徒有损失而难以增强，没有为接下来迎击敌人新"围剿"做好充分准备。二是防守中的保守主义，当我军长期攻坚战没有战果时，便开始一味徒劳地防守，以相对较差的装备与具有强大攻坚能力的敌军进行阵地对抗，由此出现了明显疲态，进而产生了过于高估敌人实力的另一种极端心态，从而导致怠战情绪滋生蔓延，"这种保守主义使我们懈怠消极，使我们停顿不动，使我们不能由反攻转入进攻，消灭更多敌人，发展更大苏区，扩大红军力量，使我们不能在敌人新的'围剿'到来之前取得粉碎新的'围剿'的充分条件"。三是转移中的逃跑主义，在《关于若干历史问题的决议》中，曾多次提到逃跑主义，指出"'左'倾路线在退出江西和长征的军事行动中又犯了逃跑主义的错误，使红军继续受到损失"，"反对诱敌深入，把必要的转移当作所谓'退却逃跑主义'"，这种逃跑在转移中主要体现在消极避战方面，在整个突围中，红军没有对敌进行有效反击，而只是被动防御，完全将主动权交给敌人。当时红军转移的队伍十分庞大，在敌人紧密尾随、疯狂攻击中难以避免地成为较为明显的靶子，不仅

　　　　　　　　　　　　　　　　　丰　碑

给红军造成很大的损失和伤亡，而且极易增加敌人的嚣张气焰，从而更加疯狂地对我攻击。在遵义会议决议中，连续用六个"使得"鲜明谴责了这种错误路线导致的严重后果——"就使得自己差不多经常处于被动地位，经常遭受敌人打击而不能有力的打击敌人。就使得三个月的突围战役，差不多处处成为掩护战，而没有主动的放手的攻击战。就使得口头上虽经常说'备战'，而实际上除掩护战而外，却经常是'避战'。就使得红军士气不能发扬，过分疲劳，得不到片刻的休息，因而减员到空前程度。就使得'反攻'的正确口号在实际上变成了避战主义的掩护物，而不准备于必要时与有利时机争取真正反攻的胜利。就使得以红军战略转变，迫使敌人转变其进攻中央苏区的整个计划，以保卫中央苏区，以粉碎五次'围剿'，以建立湖南的根据地，乃至高度保持红军有生力量的基本任务，都不能完成。所有这些，都是基本的战略方针采取了避战主义的必然结果"。

博古和李德的领导和配合使党和红军屡遭挫折，进入了一段被动而艰苦的困难时期，"左"倾主义领导路线开始遭受质疑，特别是对于湘江战役这场恶战，很多指战员认识到这本是可以避免的，但最终却要与远超我军实力的敌军进行殊死搏斗，领导思想的偏差是重要原因。刘伯承曾在回忆文章《回顾长征》中写道："虽然突破了敌人第四道封锁线，渡过湘江，却付出了惨重的代价，人员折损过半。广大干部眼看反五次'围剿'以来，迭次失利，现在又几乎濒于绝境，与反四次'围剿'以前的情况对比之下，逐渐觉悟到这是排斥了以毛泽东同志为代表的正确路线、贯彻执行了错误的路线所致，部队中明显地滋长了怀疑不满和积极要求改变领导的情绪。这种情绪，随着我军的失利，日益显著，湘江战役，达到了顶点。"某种程度上说，正是湘江战役的惨烈艰难，才加速了王明"左"倾错误的失败。是湘江战役用红军将士的血泪证实了王明"左"倾主义和博古、李德指导的错误，促使全党全军反思应选择怎样的革命道路和战略战术，并觉醒到毛泽东对革命认识、指导的正确性科学性，这场惨烈的战役进一步推动了我党走向成熟，为实现我党思想方针上的重大转折和路线方向上的战略转变，有直接推动作用。

湘江战役使更多人认识到，领导的错误是最致命的错误。毛泽东虽遭到排挤，却已展现出领袖气质和指挥能力，湘江战役更加推动毛泽东重回历史前台、掌舵

丰　碑

革命巨轮，为确立其在中共中央和红军的领导核心地位打下了基础。

历史证明，坚强稳定的领导核心是革命取得成功的基石，也是事业发展壮大的保证。领导者是否具备担当核心的能力，不是职位赋予的，而是实践证明的。

越是关键时刻，越能检验领导能力的成色；越是危难时刻，越能体现决策水平的高低。自博古、李德掌握党和红军的领导权以来，党的凝聚力日益下降、红军的战斗力受挫停滞，许多错误的战略战术甚至束缚了红军指战员的手脚，优势无从发挥，胜果拱手相送。其中不只有主观思想的错误，也有客观领导能力的不足。特别是在红军作出渡湘江决策的前后，几次决策错误直接导致了红军的被动和损失，从中可以看出博古和李德无法胜任党和红军领导角色。

战斗经验对于战士来说极其宝贵，在血与火交融的革命岁月，这种经验是红军指战员在残酷的战场上拼杀得来的。自红军创立以来，就格外注重经验传授，这是在无法遏制的伤亡和不断补充的新员交替中，为保证战斗力而作出的自然选择。以此来看，长征出发前，红军本应将新补充的兵员合理地分配到各战斗经验丰富、战斗力强的老部队中，以便以老带新，使新增兵力迅速形成战斗力，同时也能对现有部队作很好的充实。然而博古、李德却将毫无经验的新兵编在一起，这样的新部队完全缺乏实战经验，面对狡猾的敌人不仅无法发挥兵力优势，反而"拖了老部队的后腿"，甚至造成巨大伤亡。时任红一军团政委的聂荣臻后来回忆："这次过湘江，我们不仅要掩护中央机关，而且还要掩护几个新成立的部队。那时候，教条宗派集团不注意主力兵团的充实建设，却成立了一些缺乏基础的新部队。我们主力兵团又缺乏兵员补充，是打掉一个少一个，而新成立的部队战斗力不强，我们既要完成主要任务，有时还要掩护他们。"

博古、李德很早就得到情报，知道敌人已觉察到红军的行动方向和意图，正集结大军四面围堵而来。在这种情况下，时间就意味着生命。只有争分夺秒，与时间赛跑，抢敌于先才能减少损失、增加生机。然而他们似乎没有意识到事态的严重性，并不在意敌人的行动，甚至对红军有着不切实际的盲目自信。他们仍然按部就班、慢条斯理地转移，这严重拖累了红军的行军速度。更让人无法理解的是，李德决议将更多兵力加强在直属队上，人为加强供给

　　　　　　　　　　　丰　碑

部、卫生部等后勤力量，战斗部队反而没有得到有力补充，这些加强的后勤力量也并没有担负更多的战斗任务，而是成了搬迁队，因为李德要求每个军团的后方部都把瓶瓶罐罐加上担子带上，甚至连一个石印机都要带上，有的卫生部甚至"连屎盆、尿盆都带上了"。

博古、李德的失误还体现在时机的把握上。11月21日，共产党利用国民党内部相互猜忌及自保心理，通过调动兵力制造了南下广西的假象，桂军慌忙南移恭城，国民党的封锁线出现了明显漏洞，客观上为红军渡江提供了难得的窗口期。但是博古、李德在收到消息后反应迟钝，甚至没有意识到这种机遇的重要性，迟迟不下达快速突进抢渡的命令，让机会白白丧失。11月27日，红一军团先锋部队已经抵达湘江东岸，并在西岸先机占领了有利地形，为红军渡江形成有效屏护，此时军委纵队也已到达灌阳以北的桂岩地域，此处距最近湘江渡口仅几十公里，且国民党各路军阀尚未抵近形成合围之势，如博古、李德能命令部队快马加鞭，完全可以将渡江时间提前一天以上。然而他们并没有加快速度，反而由于一路携带着大量辎重而严重拖慢了行程，每天只走30公里，有的甚至只走几公里，最后这短短几十公里竟走了4天，这种散漫式的前进只能使绝好的渡江机会白白错失。要知道在这种危急时刻，流逝的每一分钟时间都会化作血的教训。最终敌人很快追击上来，红军被迫陷于苦战。

这一次次决策错误并非偶然，而是领导层缺乏战略眼光、不善于洞察局势变化、不能敏锐捕捉战机导致的，说明在把握大局和军事指挥上，当时的领导层缺乏应有的智慧和本领。

毛泽东对于危重局势有着清醒的认识，尽管被排挤出中央和红军领导层，却没有一刻不为党和红军的生存发展担忧，在许多重大问题上屡屡建言。

在战略转移初期的路线选择上，博古等秘密决定突破国民党粤军封锁线，而后从赣粤边界进入湖南，再西进过湘江，择机北上与红二、六军团会合。而毛泽东经过缜密分析，认为应直接充分利用敌人力量薄弱、我军突破容易且群众基础好的湘南地区开展运动战，并在水口山地区休整待机。

在出发前人员编配组成的选择上，他反对将中央和军委人员分散到各军团，认为在这种困难时刻，更应将中央领导和机关同志集中在一起，编为战斗队，集中智慧、群策群力，增加决策的科学性正确性，同时减少突围中的伤亡损失。这一次，他的建议得到了张闻天的支持，因此得以实施，这才有了后来的中央纵队、军委纵队。

对于红军大搬家式的转移方式，毛泽东极力反对，他认为，这使本应机动歼敌的主力红军束缚了手脚，从战斗队变成了掩护队，不仅影响了战斗力的发挥，直接丧失了许多歼敌良机，还造成了处处被动挨打的局面。

11月中旬，红军突破敌人第三道防线后，红军进驻湖南宁远。此时，蒋介石大兵压进，不断遣机骚扰，而我军因携带大量辎重，行动迟缓，昼伏夜行，同时长途行军人倦马乏，形势十分严峻。毛泽东见此十分焦急，提出取消攻取道县江华计划，建议沿着潇水东岸经保和圩、雷家坪等地北上，在两市镇或宝庆与敌作战。这样可以出敌所料，打乱敌方部署，掌握主动权，但这一建议无疑又被否定。

在蒋介石明白红军过湘江后北上的意图后，开始集结重兵，准备在湘江边构设口袋阵形，对红军形成合围之势。此时红军已攻取道县。在此危急时刻，毛泽东提议应在潇水西岸北上，攻板桥铺、华江铺等地，再向西攻零陵，过湘江向北拿下冷水滩，再到宝庆地区寻机歼敌，以机动作战不断调动敌军，趁敌方合围之势尚未形成之时化被动为主动，集中力量歼敌一部，从而彻底粉碎敌人"围剿"计划。然而李德对此不屑一顾，仍然坚持朝着敌人埋下的陷阱前进，他没有看到敌人在湘江边已预设重兵，没有预料到敌人的强大和红军处境的危险，仍然顽固地认为虽然湘江边的敌人很强大，但越到北面，越深入敌人腹地，牺牲或更大。而且既然目标是过湘江西进，那么北上是多此一举、毫无意义的。对此，毛泽东再次阐述自己的观点，说明事态的严重性，表示只有北上才能迷惑敌人，使敌人摸不清我军意图，打乱敌人阵脚。但无论毛泽东如何劝谏，都得不到博古、李德的认同，他们对运动战、游击战嗤之以鼻，仍然坚持当下军队的主要目的不是与敌人"兜圈子"打游击，而应尽快与红二、六军团会合，再建立稳固的根据地。毛泽东出于对革命的忠诚和负责，仍然坚持自己的观点，与博古、李德的争论持续到湘江战役伊始。李德在回忆录《中国纪事》中描写道："我建议，从南面绕过全县，强渡湘江……毛泽东粗暴地反对这个建议，他要求同周（浑元）的军队进行一战。洛甫和王稼祥支持他的意见。最后在军事委员会中进行表决……"虽然表决的票数相等，但最终还是按照李德的计划进行。

当红军进入广西境内后，毛泽东仍然在不遗余力地建议红军不能在界首渡湘江，而应该北上选择黄沙河为渡江地点，以寻机歼敌。但在面对恶战前的最后关头，李德、博古仍然一意孤行，以致事态发展到不可挽回的地步，红军在湘江边与国民党军进行了一场力量悬殊、惨烈悲壮的战役。

渡过湘江后，博古、李德仍然坚持与红二、六军团会合。与此同时，早已明了红军意图的蒋介石并没有因为湘江防线被突破而放弃"追剿"红军。此时红二、六军团为了转移敌人注意力，为军委纵队和红军主力转移创造时间空间，而对川黔湘边的国民党军展开强大攻势，如中央红军仍然坚持原有路线，只会重新陷入敌人重围，且当下红军元气大伤，再与敌人正面对抗只会徒增更大的危险。在这种危急时刻，毛泽东提议向敌力量薄弱的贵州地域前进，争取主动，避免与国民党军缠斗，也利于部队休整。这次建议由于得到更多人的拥护和坚持，博古、李德最终放弃了原有计划，红军也终于摆脱了敌人的重兵追击。刘伯承曾对此回忆："如果我们不放弃原来的企图，就必须与五、六倍的敌人决战。但部队战斗力又空前减弱，要是仍旧采用正面直顶的笨战法和有优势的敌人打硬仗，显然就有覆没的危险。"

伍修权曾回忆："事实教育了人们，王明等人自称百分之百的正确，却打了败仗，被他们批判排斥了的毛泽东同志的主张，却越来越被事实证明是正确的。人们在胜利时认识了毛泽东同志，在失败中又进一步认识了毛泽东同志。"

周恩来谈到湘江战役时曾说："我们在广西那个地方受了很大的损失。白崇禧用很厉害的办法对付我们，他把我们走的路上的老百姓都赶掉，甚至把房子烧掉，使我们没有法子得到粮食和住房……经过多次挫折，到了遵义会议只有三万多人。这么大的损失！这个严重的错误是血的教训。毛主席取得领导地位，是水到渠成。事实证明，在千军万马中毛主席的领导是正确的。"

湘江战役前后一系列的事实使红军指战员明白，毛泽东有着宏大的战略视野，能在纷繁复杂的局势中洞察微毫、准确判断，以前瞻的眼光提出正确的决策和部署。毛泽东的建议虽然很多未被采纳，但已经深入人心，得到越来越多人的支持和拥护，这为毛泽东最终取得党和红军的领导地位奠定了民心基础。

湘江战役保留了党和红军的火种，一批忠诚于党、英勇善战的优秀指战员饱经历练考验，逐渐成长为党和红军的骨干中坚。

　　　　　　　　　　　　　　　　丰　碑

此次战役红军绝大多数高级领导干部都得以保留，34师师长陈树湘和政委程翠林遗憾献身，是这次战役中我军牺牲的两位最高级别干部，其余的师以上干部都安全渡江，他们是我党我军的宝贵财富，是指挥我军走向胜利的领头雁。据统计，在经历过湘江战役的指战员中，有27人成长为党和国家领导人，十大元帅中占据了七席，将军有500余人。

　　此外，此战虽然红军折损严重，但从整体看，实力最强的红一军团和红三军团等红军主力损耗并不大。损耗较大的主要是第八、九军团，究其原因，这两支队伍主要是由新入伍的青年组成，既缺少战斗训练，也缺乏实战经验，受当时错误军事指挥的影响，没有在战前得到充分动员和准备就仓促应战，以致教训惨痛。

　　湘江之战使红军队伍得到了铁与血的洗礼。经过生死考验的广大指战员思想更加团结、斗志更加旺盛、意志更加坚强、杀敌更加勇猛，无论是面对爬雪山过草地的恶劣环境，还是面对飞夺泸定桥的艰险战斗，他们都能勇敢克服困难、战胜敌人。

七

伟大的历史转折

提到湘江战役，就不得不提到遵义会议。湘江战役就像是一场危及存亡的风暴，它带来的不仅是肉体上的极端摧残，更是思想上的彻骨冲击。在共产党和红军的队伍里，已经酝酿着一种变革的空气，如同乌云一般笼罩在全军将士的心头，唯有乌云化雨，来一次思想、精神乃至组织上的彻底转变和洗礼，才能重见阳光。这场雨，就是遵义会议。

遵义会议在我党我军的历史中，具有极其重要的地位，它是党生死攸关的转折点，是中国革命走向胜利的伟大转折。周恩来曾评价："没有遵义会议，中国革命不知道要推迟多久。有了遵义会议，虽然长征中受了损失……但是在毛泽东同志的领导下，战胜了狂风巨浪，克服了党内的危机。"这次会议彻底结束了"左"倾错误路线在党中央的领导，是经历了湘江战役的低谷后，在极端危急的历史关头挽救了党、挽救了红军、挽救了中国革命，掀开了中国革命新篇章。

说起它的伟大意义，有首诗表达得恰如其分：

群龙得首自腾翔，
路线精通走一行。
左右高低能纠正，
天空无限任飞扬。

这是《人民日报》1961 年 6 月 30 日第 1 版刊载的一篇七言绝句，题目就是《遵义会议》，作者是红军总司令朱德。作为会议的亲历者，朱德的感受是最直接最客观的，他将遵义会议"确立毛泽东的实际领导地位、错误路线得以有效纠正"等历史功绩以艺术的形式加以赞颂。透过这首诗，我们仿佛能够穿越时空，感受到遵义会议后全军将士如获新生般的真挚笑容和对美好未来的幸福憧憬。

说起这次会议，毛泽东曾谈到两个关键人物："遵义会议是一个关键，对中国革命的影响非常之大。但是，大家要知道，如果没有洛甫、王稼祥两位同志从第三次'左'倾路线分化出来，就不可能开好遵义会议。同志们把好的账放在我的名下，但绝不能忘记他们两个人。"

在遵义会议召开前，王稼祥任中央政治局候补委员，

丰　碑

张闻天（即洛甫）任中央政府人民委员会主席，两人在"左"倾错误路线盛行时，曾是错误政策的推行者，但眼见博古、李德的错误领导对党和红军的伤害越来越大，王稼祥和张闻天内心对博、李二人越来越不满。王稼祥在第四次反"围剿"时，因敌机轰炸而身负重伤。当时我军正处于艰难时期，医疗条件简陋、物资缺乏，王稼祥体内的弹片一时无法取出，时间一长，伤口出现化脓，因此他被迫脱离工作，长期在红军医院接受治疗。尽管远离一线，王稼祥却没有一刻不在关心战局发展。第五次反"围剿"时，他眼见博古、李德的错误指挥导致红军被动挨打，心急如焚，多次与李德发生争论，但李德对他的建议不屑一顾，这使他感到更加气愤。张闻天与王稼祥一样，曾试图劝服博古，却毫不奏效。他回忆说："我同博古同志的公开冲突，是在关于广昌战斗的一次讨论。我批评广昌战斗同敌人死拼，遭受不应有的损失，是不对的。他批评我，说这是普列哈诺夫反对一九〇五年俄国工人武装暴动的机会主义思想。我当时批驳了他的这种污蔑，坚持了我的意见，结果大家不欢而散。其他到会同志，没有一个表示意见。从此时起，我同博古的矛盾加深了。"

长征开始后，王稼祥还未痊愈，只得坐在担架上随军委纵队行进。张闻天由于反对博、李而被冷落，"我当时感觉已经处于无权的地位，我心里很不满意"。两人一路上都在深刻思考着如何才能改变这种局面。

事实上，毛泽东洞若观火。长期忧虑中国革命前途和未来的他早就觉察到党内军内"左"倾的火苗已经逐渐蔓延开来，他观察到王稼祥和张闻天二人立场和态度的变化，于是选择循序渐进、逐个争取。毛泽东后来回忆自己当时的考虑，"在长征以前，在政治局里我只有一票。后来我实在不行了，我首先做了王稼祥的工作，王稼祥同意了我的观点。又通过王稼祥，做了张闻天的工作。"张闻天也曾回忆，长征出发前毛泽东找他闲谈，张闻天趁机向毛泽东倾诉了对博、李二人的不满和对革命形势的担忧，两人交心长谈使彼此拉近了距离、产生了共鸣。他感到，"从此，我同毛泽东同志接近起来"。

长征伊始，得了恶性疟疾的毛泽东身体还未康复，和王稼祥一样只得躺在担架上随队前进。趁此机会，毛泽东主动要求和王稼祥、张闻天同行同住，三人进行了详细深入的交流。毛泽东开始向两人解释第五次反"围剿"中中央所犯错误，张闻天"很快地接受了他的意见"。王稼祥对当时的情形记忆深刻，他回忆："我们在休息和宿营时经常一起交谈对当前局势的看法。我向毛泽东同志表示，目前形势已非常危急，如果再让李德这样瞎指挥下去，红军就不行了！要挽救这种局面，必须纠正军事指挥上的错误，采取果断措施，把博古和李德轰下台。毛泽东同志听后十分赞同。"

但要扭转局面，三个人是远远不够的，只是私下讨论更是远远不够的，必须争取更多意见相同的同志，以正式会议的形式改变现状，这样才能真正使革命重走正途。毛泽东很早就觉察到了这一点，他在长征伊始曾多次尝试以会议的形式作出努力。他回忆说："政治局开会，经常是两种意见，一边是我、王稼祥、张闻天，三票；他们那边是四票，一票是博古，一票是李德，加上另两位。每次开会，都是三票对四票，永远不能解决问题。不知开了多少次会，一直是三票对四票。后来一点办法也没有了，我就说，老是三票对四票下去不行。我们扩大一下，我把拥护我们的主张的下面的人找来，你们把拥护你们主张的下面的人也找来，搞个扩大会议。这样，才有了遵义会议。"

王稼祥也有同样的想法，他曾回忆当时的情景："他（毛泽东）考虑了当时情况，又担心地说：'你看能行吗？支持我们看法的人有多少？'我说：'必须在最近时间召开一次中央会议，讨论和总结当前军事路线问题，把李德等人轰下台去。'毛泽东同志高兴地说：'好啊，我很赞成。'并要我多找几位同志商量商量。我先找张闻天同志，向他谈了自己对博古、李德军事路线的看法，以及召开中央会议的意见，张闻天同志正巧也在考虑这个问题，他对李德在军事指挥上的错误也有同感，表示同意我的看法。接着，一向支持毛泽东同志正确意见的周恩来同志，也赞成这一建议。随后，我还找了几位军队的负责同志，谈了我的看法。正好红一军团政委聂荣臻同志因腿伤感染化脓也坐担架随军委纵队行动，我们有机会在一起交谈，我把上述看法和聂荣臻同志谈了，得到他的支持和赞同。"

这里值得一提的是周恩来的转变，那时周恩来是"三人团"中的一员，他的态度对于会议的召开以及走向都有很大影响。周恩来在与博古、李德的共事中，在许多决策上与他们意见相左，却又无可奈何，他知道自己势单力薄，若单靠自己扭转局势难免力不从心。毛泽东曾对贺子珍谈起，"那时争取到周恩来的支持很重要，如果周恩来不同意，遵义会议是开不起来的"。他还在一渡赤水时和红1师师长李聚奎提到，"恩来同志起了重要作用"。

越来越多的"赞成票"使大家感到信心倍增。这时，

丰　碑

湘江战役的惨痛经历如同一根导火索，点燃了长期积压在全体将士特别是党和红军领导干部心头的不满情绪。最后一点耐心已经不复存在，遵义会议势在必行。

湘江战役后的一个月间，国民党军并未停止对红军的追击。由于红军的意图和行踪已经暴露，蒋介石正在预判的红军行军路线上埋设重兵。此时的红军力量削减严重，如果再与国民党军正面大规模激战，后果凶多吉少。毛泽东早已预判到此，他力主放弃与红二、六军团会合的既定计划，改道贵州，这里多崇山峻岭，且敌人力量薄弱，利于我方隐蔽摆脱。然而博古、李德仍然冥顽不灵，双方分歧越来越大。好在越来越多的人站在毛泽东一边，以会议的形式统一思想、凝聚军心成为共识。

随后，党中央先后召开了三次紧急会议。第一次在1934年12月12日，党中央在途经湖南怀化的通道境内，边行军边开了一次紧急会议，会议焦点就是战略方向问题，双方各执己见、互不相让，最终由于意见不统一而没有作出转变大方向的决定，但是在研究下一步具体路线时作出了"相机占领黎平"的决定。在黎平，双方就下步战略方向问题继续争论，在12月18日的会议上，毛泽东已经成为主要发言人，以王稼祥、张闻天、周恩来为代表的党和红军高级干部，站在了毛泽东一边。尽管博古、李德极力反对，最终仍同意了毛泽东的主张，通过了《中央政治局关于战略方针之决定》，原先与红二、六军团会合的危险计划终于被放弃。虽然毛泽东的正确主张得以通过，但博古、李德并不是从心底认同，他们仍然顽固地坚持错误的观点，甚至在行军途中依旧喋喋不休，兜售"不过乌江，折回湘西，与红二六军团会合"的错误想法，直接影响了一些红军干部的判断。毛泽东等领导同志认识到了问题的严重性，于是在12月底，当红军抵达乌江南岸的猴场宋家湾后，立即召开了扩大会议。这次会议坚持了黎平会议的正确主张，恢复了红军战略战术的正确原则。同时，这次会议上，毛泽东提出要突破乌江、直捣遵义，这一策略实现了红军形势的重大好转，也为遵义会议作了铺垫。

　　1935年1月7日，红军占领了黔北重镇遵义。遵义坐落在云贵高原，位于川贵交界处，其北面约50公里处有一咽喉要地——娄山关，这一关隘是川贵通道上的要塞，地形险要，大有"一夫当关、万夫莫开"之势，自古就是兵家必争之地。南岸东岸水网罗布，形成天然屏障；同时这一地区敌人力量十分薄弱，百姓又普遍拥护红军，已经疲惫不堪的红军将士们，恰可在此短暂休整。

这次著名的会议，是在遵义琵琶桥东侧 87 号召开的。这里是原贵州军阀师长柏辉章的公馆，这栋中西合璧的二层小楼据说是当时遵义城内最好的建筑，有记载，"从外面看，高墙壁立，朱门厚重，巍峨气派"。80 多年过去了，这栋建筑仍然保持着原来的模样。当时参加会议的许多领导同志都对这栋建筑有着独特的情感。毛泽东曾亲笔题写"遵义会议会址"，这块黑漆金字匾额悬挂在遵义会议纪念馆大门正上方。这是毛泽东为中国革命旧址为数不多的题字之一，足见遵义会议在毛泽东心中的分量之重。周恩来也曾要求保持遵义会议会址最原始的模样。他说："遵义会址是个值得纪念的地方，但是还要维持当年朴素的样子……应该注意不要把遵义会议的房子做任何修理，一夸张就错了。"

经过一周的休整，1 月 15 日晚，具有历史意义的遵义会议召开了。之所以会议在晚上召开，是因为白天大家各自要坚守岗位，集中精力指挥作战，只有晚上才能聚在一起开会。时至深冬，这栋精致的建筑显得格外清冷，20 多位党中央和红军领导干部挤在一间仅有 27 平方米的小屋里，围坐在一张只有 3 平方米的小桌前。在这张古铜色的桌上，一盏小煤油灯发出微弱的亮光，桌下的火盆跳动着火苗，一场激烈的思想交锋就要在这里展开。

参加会议的有：中央政治局委员及候补委员毛泽东、周恩来、朱德、陈云、张闻天、博古、刘少奇、王稼祥、邓发、何克全，中央秘书长邓小平，红军总部和各军团负责人刘伯承、李富春、聂荣臻、彭德怀、杨尚昆、李卓然、林彪，共产国际派来的军事顾问李德，翻译伍修权。

这次会议的主题是总结第五次反"围剿"失败和长征初期失利的教训，目的是集中力量解决当时最关键的军事路线问题。

博古作为会议主持首先发言，他坚持把第五次反"围剿"的失败归结于客观原因，认为敌人过于强大、苏区物质条件不好，指责白区反帝反蒋运动没有明显进步，瓦解敌军的工作薄弱，游击战薄弱，各区呼应配合不够紧密，等等，不承认是自身领导和指挥的问题导致了前期的挫折。

博古讲完后，紧接着周恩来作了军事工作副报告，明确指出主要原因是军事领导的战略战术错误，主动承担责任，进行自我批评，同时批评了博古、李德的错误。张闻天也紧接着作了报告，明确反对"左"倾军事错误，进一步批评了博古、李德在军事指挥上的错误。

随后毛泽东站了起来，作了长篇发言。他旗帜鲜明地

反对博古的观点，对博古、李德等坚持的"御敌于国门之外""不放弃苏区一寸土地""短促突击"等策略进行了针锋相对的逐条驳斥，随后对中国革命战争的未来作了前瞻。陈云后来回忆："只记得当时毛主席在会上讲得很有道理，内容就是《中国革命战争的战略问题》那篇文章里讲到的那些。"

王稼祥紧接着毛泽东之后发言，当时他高烧未退、身体虚弱，但多年后仍对当时的情形记忆清晰：

"我首先表示拥护毛泽东同志的观点，并指出了博古、李德等在军事指挥上的一系列严重错误，尖锐地批判了他们的单纯防御的指导思想，为了扭转当前不利局势，提议请毛泽东同志出来指挥红军部队。

张闻天同志随即表了态，支持毛泽东同志和我的意见，对博古、李德等人的错误进行了批判。

周恩来同志紧接着表示赞成，态度诚恳，一面自己承担了责任，一面请毛泽东同志重新指挥红军。

其他几位主要领导同志也都表了态，会场上的意见就基本统一了。但是也有个别同志不仅仍坚持错误意见，而且情绪对立，不愿将印把子交出来。"

当时会场气氛十分紧张，火药味充斥着整个房间，如同身处战场一般，每个参会人员都毫不留情，直抒胸臆。毛泽东等人的发言直接将矛头对准博古、李德两人，博古、李德也毫不相让。谈到当下红军的艰难形势，毛泽东不禁说："路是要用脚走的，人是要吃饭的。"博古轻描淡写地回应："要考虑考虑。"毛泽东紧接着说："我赞成你考虑。但你要考虑的不是继续留下，而是把职务交出来。"绝大多数人毫无疑问站在毛泽东一边。许多人对博古、李德罔顾事实、避重就轻的态度义愤填膺，发言时怒目拍桌。朱德在会上直接批评博古、李德在军事指挥上的错误，坚决要求改换领导，他斩钉截铁地说："如果继续这样错误的领导，我们就不能再跟着走下去！"

会上，李德也发了言，但随后批评声如狂风暴雨般袭来，房间里一个个倏然站起的身影、一句句激烈的言辞刺激着他的每一根神经，他独自坐在会场门旁不再说话，眼睛无神地盯着地面，情绪十分低落，他意识到自己已经是"孤家寡人"，此刻他一根接一根地抽烟，却仍然心乱如麻。

这次会议一共进行了三个晚上，最后由张闻天执笔起草了会议决议案，这就是著名的《中共中央关于反对敌人五次"围剿"的总结的决议》。

这一决议开宗明义，公正地评判了是非对错：听了

××同志（指博古）关于五次"围剿"总结的报告及××同志（指周恩来）的副报告之后，政治局扩大会认为××同志（即博古）的报告基本上是不正确的。全文系统回顾了我军长期以来实战总结的正确原则和经验，逐一批判了第五次反"围剿"以来的军事领导和指挥上的错误。

报告最后认为：

我们英勇的红军主力依然存在着。我们有着优良的群众条件，我们有着党的正确的领导，我们有着物质上地形上比较良好的地区，我们有着全国广大群众的拥护与红四方面军和二、六军团的胜利的配合，再加上正确的作战指挥，我们相信，这些困难在我们全体同志与红色指战员努力之下是可以克服的……

政治局扩大会相信，中国苏维埃革命有着他雄厚的历史的泉源，他是不能消灭的，他是不能战胜的……

政治局扩大会指出过去党在军事领导上的错误，对于我们党的整个路线说来，不过是部分的错误。这种错误也不足以使我们悲观失望。党勇敢的揭发了这种错误，从错误中教育了自己，学习了如何更好的来领导革命战争到彻底的胜利。党揭发了这种错误之后，不是削弱了，而是加强了。

政治局扩大会号召全党同志以布尔什维克的坚定性反对一切张惶失措与悲观失望的右倾机会主义，首先反对单纯防御路线。政治局扩大会更号召全党同志像一个人一样团结在中央的周围，为党中央的总路线奋斗到底，胜利必然是我们的。①

喜悦和振奋跃然纸上，足见此次会议拨乱反正的心路历程和拨云见日的万千慨叹。

17日，最后一天的会议讨论了中央领导机关的改组，张闻天代替博古负总的责任，增选毛泽东为政治局常委，撤销了博古、李德的军事指挥权，仍由朱德、周恩来继续指挥军事。会后，又成立了由毛泽东、周恩来和王稼祥组成的三人小组，这实际上是当时的最高军事指挥部，负责全军的军事行动。自此，毛泽东重新进入了党中央和红军领导机构，党和红军重新步入正轨。陈云曾在给共产国际执行委员会书记处会议的报告中写道："我们撤换了'靠铅笔指挥的战略家'，推选毛泽东同志担任领导。"

———————————

① 中共中央文献研究室、中央档案馆编：《建党以来重要文献选编》第12册，中央文献出版社2011年版，第64—66页。

这种人员的变革对革命的影响是巨大的。陈云曾说："从遵义会议到抗日战争胜利，毛泽东同志的一个无可比拟的功绩，是培养了一代人，包括我们在内的以及'三八式'的一大批干部。现在这些人在全国各个岗位都担负着重大的责任。这是一件极大的事情。"在干部问题上，除了党中央和军队高层的面貌得以改变，还有一个重大变化是重新启用了一批郁郁不得志的骨干。会议后，被排挤的少数终于变成了多数，许多先前遭到错误处分、受到不公待遇的干部得以平反，许多先前被"束缚手脚"的人，现今终于得以重拾信心、施展才华，许多人后来成长为战功卓著的高级将领。

陈赓自小立志报国、投笔从戎，经过黄埔军校的学习后他便投身国民大革命，参加多次激烈战斗，练就一身打仗本领。他于1922年加入中国共产党后矢志不渝搞革命，其间经受了多次严酷考验，但他始终信念如磐。1926年5月，蒋介石在国民党二届二中全会上提出"党务整理案"，要求在国民党内的共产党员退出共产党。陈赓十分气愤、坚决反对，他直接亮明自己的共产党员身份，严正声明脱离国民党。同年，他和顾顺章被派往苏联学习政治保卫工作，次年回国后他们又同时被任命为上海党中央特科不同部门的科长。然而随着地位的上升，顾顺章沾染恶习、生活腐化、骄奢放纵，陈赓无不忧虑地说："只要我们不死，准能见到顾顺章叛变的那一天。"一语成谶，这位昔日的亲密战友，转身成了"中共历史上罪恶最大、危害最大的叛徒"。而陈赓也因叛徒出卖在上海被捕。陈赓与蒋介石是旧友，国民革命军东征时曾"两救蒋介石"，蒋介石感念旧情、爱其才能，专门派宋美龄和顾顺章去劝降，然而无论是追忆昔日旧情，还是许以高官厚禄，陈赓都不为所动，特别是见到同窗顾顺章，他难掩愤怒，痛骂其"无耻！卖身求荣！出卖同志！叛徒！"可以说，蒋介石费尽力气却始终没有撼动陈赓一心向党的坚定决心，最终迫于宋庆龄等各界人士的压力，对陈赓施以"特赦"。然而，就是这样一位坚定的共产主义者却因此次被捕反遭党内怀疑，当时王明曾说："陈赓这家伙被捕了，要么会死，要么会叛变，既然他出来了，那肯定是叛变。"陈赓为此被迫离开上海，辗转来到中央苏区后，继续遭到审查，也因此"不得恢复党籍、不得担任要职"。长征开始后，陈赓仅被任命为红军干部团团长，主要做警卫工作。遵义会议后，由于陈赓出色地完成各项保卫任务，时任红军遵义警备司令部政治委员的陈云，代表组织找陈赓谈话，并宣布恢复他的党籍。

丰　碑

罗明是共产党早期的著名活动家。1921年他考入厦门集美学校师范部，求学期间接受并积极传播共产主义思想，并不遗余力地建设党组织、发展党队伍、开展党活动，是福建党组织的创建者和闽西革命根据地的奠基人。中共福建临时省委成立于1927年，恰逢白色恐怖蔓延，不到5年时间，福建省委历经劫难，其间多有叛变、潜逃、脱节者，唯有罗明，5次临危受命承担省委书记工作并力挽狂澜。大浪淘沙，无论经历怎样的风浪，罗明都坚定地站稳立场，从未动摇。开国少将王直说过："罗明同志是我省（福建）党组织的创建者之一，讲福建党史，如果不讲罗明，就没法讲清楚那一段历史。"罗明坚持真理、实事求是，他高度认同毛泽东关于开展游击斗争的观点，并付诸实践，在上杭、永定、龙岩等地区广泛发动群众，有力地打击了广东军阀。1933年，党中央进驻中央苏区，开始全面推行"左"倾路线，罗明对此坚决反对，他彻夜撰写了《对工作的几点意见》，以书面形式向省委报告，认为应充分认识闽西边远地区和根据地巩固地区条件不同，党的政策也应有所区别，建议在上杭等地区开展游击战、巩固根据地。这一科学求实的判断由于与中央"左"倾政策格格不入，被王明认定是"右倾机会主义""取消主义"错误，并以此为借口撤销了罗明的中共福建省委代理书记等职务。事件愈演愈烈，王明开始在全党上下和各根据地开展反"罗明路线"运动，党的许多干部被批为"罗明路线"分子，许多同志被诬陷、冤枉、杀害，党和革命事业遭受巨大损失。遭此打击，罗明并未一蹶不振，他选择相信组织，默默承受着非议和迫害，仍然坚持不遗余力地为党贡献。在遵义会议上，毛泽东特别提到要重新任用"罗明路线"中受迫害的干部，罗明也再次被任用，任红三军团政治部地方工作部部长。

陆定一是共产党著名宣传教育工作者，也是无产阶级新闻学的奠基人。他青年时期受进步思想影响，19岁就加入中国共产党，此后一直在党内从事宣传工作。1927年革命形势急转直下，蒋介石和汪精卫的叛变造成了党内恐慌和焦虑。陆定一任共青团中央宣传部部长，并请求党迅速武装起来，与国民党右派坚决斗争。这期间，他撰写了大量檄文，鞭挞国民党反动派，鼓舞党内斗志，号召全国有志青年投身革命。他在自己主编的《中国青年》上发表了著名文章《中国革命的前途》，批判了当时种种错误思想，号召开展社会主义革命，鼓舞青年为之奋斗。这在当时起到了正本清源、鼓舞士气的重要作用。陆定一一贯反对王明的"左"倾主义路线，也因此被冠以"调和主义"罪名、扣上"右倾机会主义"帽子，并被撤销了职务。长征伊始，陆定一和普通战士一样挑重担、干累活，但他仍发挥专长，开展各种宣传鼓动工作。他在长征胜利后撰写的《老山界》记载了红军长征情况，彰显了红军指战员革命乐观主义精神，在军队内外广为流传。遵义会议上，陆定一被重新任用，任命为红一方面军政治部宣传部部长，负责主编《红星》报，该报第一时间刊载了遵义会议决议，有力地鼓舞了士气。

杨至成是我军后勤领域的开拓者。他早年在黄埔军校学习时就加入了中国共产党，随后参加了南昌起义、湘南起义等，作战英勇，屡次负伤。在一次反"进剿"作战中，他因腹部受伤只得留在后方，便开始承担并潜心钻研伤病员管理、给养和医药供应等后勤工作。他历任中央军事政治学校校务部部长，军委总经理部兼红军总兵站主任、总供给部部长兼政治委员，统管全军后勤物资。他创办了后勤学校和中央苏区"赤色邮政"，建立了枪械、弹药、被服、纺织等20余个工厂，还建立了与之配套的管理制度。他与毛泽东在后勤管理方面有着高度一致的认识，主张依靠群众、自力更生，开展工作卓有成效，保障部队十分有力。但在党内盛行"左"倾主义路线时他受到错误打压，被污蔑为"不能从正规上补给红军"，由此被降职为供给部科员。遵义会议实事求是地肯定了杨至成先期在后勤工作上的贡献，自此他重新回到领导岗位，担任军委先遣工作团主任。在之后的长征路上，杨至成大力筹备军粮，增加财政收入，有力地保障了红军长征，特别是在毛儿盖等地筹粮 30 多万斤，为当时身处险境、形势艰难的红军提供了有力的物质支撑，作出了重大贡献。

王观澜是我国著名的政治宣传和"三农"问题专家，也是我党最早从事农民运动和土地革命运动的领导人之一。他 20 岁加入中国共产党，在莫斯科东方大学学习 4 年。1930 年回国后他来到中央苏区工作，在毛泽东的指导下，先后担任《红旗》报和《红色中华》总编辑，兼任闽粤赣军区政治部宣传部部长。其间他坚持面向工农大众办报的正确方向，使报刊成为开展党的宣传、动员革命斗争和支持苏区建设的重要宣传武器。《红色中华》发行日广，后来在国民党统治区也多有传播，成为对敌开展舆论和思想斗争的重要阵地。王观澜高度关注农村工作和农民运动，经常深入农村一线开展调查，他既注重实地考察，也注重理论政策研究，这与毛泽东不谋而合，两人成为好友，时常

丰　碑

促膝而谈。在毛泽东遭到"左"倾主义领导者迫害时，王观澜坚定地站在毛泽东一边，也由此"引火烧身"，被开除党籍，并被撤销《红色中华》总编辑的职务。在毛泽东的坚持下，王观澜最终留在中央政府土地部工作，并以"在中央政府工作，需要解决党籍问题"为由恢复了党籍。这是王观澜一生中的低谷期，但他并未抱怨消沉，反而更加专注于探索农民农村工作。在毛泽东支持下，他开展了"查田"试点运动，更加深刻地了解了"三农"问题，为新中国成立后领导全国"三农"工作打下了坚实基础。遵义会议后，王观澜被重新任用，任军委干部团地方工作团主任。

　　遵义会议解决了长期困扰我军的军事路线问题，使整个军队焕然一新。刘伯承在《回顾长征》一文中回忆了当时激动人心的情景："遵义会议的精神传达到部队中，全军振奋，好象拨开了重雾，看见了阳光，一切疑虑不满的情绪一扫而光。经过十多天的休整，部队体力稍见恢复，又进行了整编，立即移师北上……遵义会议以后，我军一反以前的情况，好象忽然获得了新的生命，迂回曲折，穿插于敌人之间，以为我向东却又向西，以为我渡江北上却又远途回击，处处主动，生龙活虎，左右敌人。"陈云也说

"遵义会议后，打仗就和过去完全不一样了，非常灵活"。

湘江战役虽然使党和红军遭到了严重损失，但从某种程度上讲，没有这次血的教训，就难以暴露出一系列严重问题，党中央和军委还难以觉悟到思想路线和战略指导问题已经严重到危及存亡了，党和红军可能还会在错误的路线上继续前进，甚至遭受更大的挫折，遵义会议是否能够及时召开也难以预料。聂荣臻在回忆录中写道："这次过湘江，进一步暴露了教条宗派集团在政治上和军事指挥上的逃跑主义错误，促使人们从根本上考虑党的路线问题，领导问题。""黎平会议虽然开始转变了我军战略方向，不再往敌人口袋里钻了，但领导问题不解决，我军就难以彻底地由被动变为主动。这不只是我个人思考的问题，也是当时广大红军指战员思考的问题。这些问题已经提到中国革命的议事日程了！""王稼祥同志提出，应该让毛泽东同志出来领导。我说我完全赞成，我也有这个想法。而这个问题，势必要在一次高级会议上才能解决。"时任红一军团第2师第4团政委的杨成武也曾评价：红军长征途经广西的光辉战斗历程，是遵义会议召开的酝酿过程中一个重要组成部分。从这个意义上讲，湘江战役，对正经历挫折的革命事业具有特殊意义。

丰　碑

★

八

湘江精神万古存

湘江战役中，红军遭到数倍于己的敌人围堵，党的领导又出现思想上和战略上的失误。那么，是什么使红军转危为安、九死一生，最终成功脱险？除了朱德、彭德怀等高级将领高超的指挥艺术外，红军的思想旗帜和精神力量将全体指战员紧密团结在一起，使他们战斗在一起，实现了看似不可能实现的惊天伟业。

　　不忘初心跟党走的无限忠诚。

　　习近平主席对党的理想信念有着深刻总结："革命理想高于天。中国共产党之所以叫共产党，就是因为从成立之日起我们党就把共产主义确立为远大理想。我们党之所以能够经受一次次挫折而又一次次奋起，归根到底是因为我们党有远大理想和崇高追求。"

　　困难是试金石，挫折是鉴心镜。长征初期，"左"倾主义错误思想在党中央和军委高层盛行，败坏了党内风气、破坏了团结氛围，如毛泽东、刘伯承等很多坚持真理、实干正派的领导干部不仅没有得到重用，反而受到排挤。但他们从未对党和革命事业灰心丧气，始终心系共产主义事业和红军安危，不屈不挠地坚持建言献策。这种不离不弃正源自内心深处的忠诚。

这种对革命事业的追随和坚守，同样生动地体现在千千万万的普通士兵身上。长征转移前，红军接连遭受挫折，革命陷入了低谷。战略转移意味着远离家乡，过程十分艰苦。前途未卜，真正受领到任务后，没有人退缩，很多人还主动要求参加长征，老将军甘祖昌当时只是兵工厂的一名修械员，并没有被安排在转移队伍里，他主动向上级报告要求跟着队伍走，结果没有获准。他一着急，就直接找军区供给部领导说："我在兵工厂搞采购，常常一天挑着担子跑百多里，路上还和敌人交过手，在反'围剿'战斗中，我也送过弹药上战场，从没感到过有啥吃不消的，让我跟部队走吧！"领导见他决心很大，就点头同意了。

理想信念是共产党人的政治灵魂和精神支柱。湘江战役期间，无论敌人多么强大、条件多么恶劣、环境多么艰苦，广大红军将士的信仰之火始终未熄，他们坚信自己信仰的是真理，值得无怨无悔、无惧生死、矢志不渝地坚守，

丰　碑

正是对革命事业的崇高信仰，给了他们无穷无尽的力量。他们抱着"为苏维埃新中国流尽最后一滴血"的强烈信念，紧密团结在党中央的周围，用胸膛和臂膀筑成了抵挡敌人的坚固屏障，昂首挺胸面对敌人的猛烈炮火，迂回穿插如尖刀、进攻反击似惊雷，历经挫折而奋起、历经苦淬而成钢，真正做到了人在阵地在，决不退缩一步，坚决与敌人血战到底。最终这种信念的无穷力量使红军绝处逢生、渡过难关，保留了希望的火种。

湘江战役后，红军的境地一时困苦不堪，大规模的牺牲让许多人几乎认为革命事业走到了失败的边缘，但即便深陷"绝境"，他们依然没有丧失对党的信任和对革命的信心，仍然坚信革命必胜。理想不灭、忠诚不渝，红军广大指战员因共产主义理想而团结在一起，聚成一团永不熄灭的火焰。

习近平主席指出："我们这支部队之所以是一支拖不垮、打不垮的钢铁部队，占领思想、铸牢军魂，是我们的根本力量所在。"湘江战役用事实证明，崇高的理想、坚定的信念，是革命军人的灵魂，是克敌制胜的决定性因素，只要我军始终坚守共产党人的精神追求，就能够经受各种风险和困难考验，就拥有了战胜一切的制胜法宝。

服从命令听指挥的纪律意识。

红军纪律最严明，出发宿营样样要记清：上门板，捆卧草，房屋扫干净，借物要送还，损坏要赔偿，解溲找茅坑，不搜俘虏身。三大纪律，八项注意，各个要实行。

这是战略转移中红军广为传唱的《红军纪律歌》。加强纪律性，革命无不胜。严明的纪律是一支军队的命脉，是战斗力的不竭源泉和重要保证。红军自创立以来，就一直注重在党的领导指挥下制定并严格遵守各项纪律规矩。此次湘江战役是红军在反"围剿"失利情况下的被迫之举，当时处于逆境和被动局面，但红军队伍没有变成"一盘散沙"。在湘江战役前后无论面对什么困难，红军将士们都没有被吓倒、打垮，其中良好的军风军纪发挥着关键作用。

第五次反"围剿"失利后，许多红军将士已经对"左"倾错误路线及其导致的战斗失利心生疑虑和不满，但即使长期处于被动挨打局面，他们仍然坚决服从命令、听从指挥，遵守党的纪律毫不迟疑，即便入龙潭、走虎穴也毫不退缩，高喊"一切为了苏维埃新中国"的口号，冒着密集

丰　碑

的炮火，勇敢地同敌人展开殊死决斗，这种政治觉悟正是源于高度纪律性。

长征刚出发，红军进一步明确了行进途中的革命纪律，特别是群众纪律。当时红军先后以总政治部的名义发布《关于准备长途行军与战斗的政治指令》《关于对目前行动的政治工作训令》两份指示，提出了明确的要求和强有力的口号，强调各军团要把"争取广大群众，发展新苏区"作为长征中政治工作的基本任务，要求各级政治机关都要行动起来，动员教育每名指战员都"自觉地成为群众的宣传者与组织者"。同时也形成了详细明确的配套措施。

一方面是加强部队自身的组织领导和教育管理，要求健全军团和师政治部的地方工作部门的组织与工作，加强对中央派来的地方工作团的领导与教育。使每个连队的地方工作干事与"地方工作组"能积极地进行居民工作，总支委则做好对居民工作的指示与检查。同时对所属人员都要进行广泛而深刻的群众教育，通过下发专门教材使指战员理解和掌握苏维埃政策和群众工作方法，警醒指战员必须遵守群众纪律，明确要"坚决的与脱离群众、破坏纪律的现象斗争"，特别是对惩戒措施界定清楚、执行严厉，比如"对于不能教育的破坏纪律的坏分子，应给以处罚"，甚至"在群众中公审枪决"。

另一方面是做好争取群众的工作。这一点我军在长期的工作中已经形成了一整套切实可行、行之有效的方法。主要有三点:一是做好思想宣传。通过召集群众开会、口头宣传、散发和张贴纸质宣传品、在墙报涂写标语布告等各种形式,随时随地利用各种机会,进行尽可能广泛的宣传工作,传播党和苏维埃的影响,耐心解释苏维埃的主张、政策与法令,解释红军战斗的目的与群众的关系,使广大群众了解只有苏维埃才能救中国,只有红军才是唯一的工农群众自己的武装力量。二是发动群众斗争。红军每到一地,都注重了解当地群众情形、反动统治状况,针对群众生活及其迫切需求,提出口号并身先士卒地带领群众争取权利、维护利益,比如当时国民党反动统治机关长期压迫群众,红军就组织群众破坏敌人工事,拘捕与处决当地群众最痛恨的地主豪绅及流氓恶霸,消灭地主武装组织。如果时间允许,还将更加深入地执行分田等土地政策,建立苏维埃政权、群众组织以及党的支部,特别是从斗争中组织群众、武装群众,比如建立当地游击队,从而确保群众利益得到稳固保证。三是积极吸收群众。红军是人民子弟兵,广大群众是红军的不竭源泉。红军一直注重在白区群众中争取吸收新战士，而且注意依靠着当地的积极分子进行严格的检举，防止敌探及一切反革命分子混入。这一方面红军甚至发动连队进行竞赛，很好地调动了基层指战员发展同志战友的积极性。除此之外，红军还注重用沿途收集的给养物资帮助群众，强调"除红军必需的资材外，应尽量发给当地群众"，"一切豪绅地主反革命的财产、衣服、用具、米谷，应尽量发给当地群众"。

红军指战员们依照规定严格执行群众纪律，灌阳新圩老人唐玉甫回忆："民国二十三年冬天，红军来到我们这里（排埠江村），用光洋买了两头猪，叫我帮他们杀了。他们把猪肉抬到板桥铺去煮吃。抬走时，给了我一吊钱作为工钱，问我够了没有，我回答说够了。他们待人和气，有的称我为同志，有的叫我老乡……"还有一位老人黄荣新回忆："红军对穷人很好，与穷人握手……我们请他吃红薯，他们要给钱，你不要他的钱，他们就不要红薯。"

在前往湘江的途中，军委注意到沿途多是少数民族聚居区，为此，湘江战役打响没几天，11月29日，红军总政治部就下发了《关于瑶苗民族中工作的原则指示》，颁发了《对瑶苗民族的口号》，其中提出要为瑶苗民族的彻底解放而斗争；指出我们对瑶民（或苗民）的基本主张是反对一切汉族的压迫与剥削，汉民与瑶民的民族平等，给瑶民彻底的自主权。还明确红军要爱护群众、宣传群众、帮助群众，这些纪律的制定和执行改变了群众心中经反动宣传被扭曲的红军形象，加深了红军与群众的感情，也使红军得到了群众的广泛支持和拥护。

红军的纪律性还体现在战时的组织纪律上。每次战斗前，连队都会召开骨干会议，从党员干部中选择几名后备连长，战斗中如现任连长牺牲或受伤无法指挥，则由指定的第一后备连长挺身而出、继续指挥，如第一后备连长倒下，则第二后备连长立刻接任，以此衔接而下。在实际战斗中，红军高度自觉地执行这一纪律，确保了指挥不断线、领导无空缺。

在执行命令的决心上，湘江战役中每支掩护队伍都有明确的任务和时间节点，所有队伍都完全依照命令行事，相互配合、紧密衔接，坚决不违背上级指令，不擅作主张。对上级指示的高度贯彻确保了各项任务无论多么艰难，最终都能够达到目标，这种军团与军团之间、军团内部各部队之间紧密的上下衔接、左右协作，使红军各支队伍凝聚成一个团结的整体，无坚不摧、百折不挠。而国民党军则形成鲜明的对比，他们一遇困难就自乱阵脚，顾不得担负

丰　碑

的任务而四下逃窜，毫无纪律性可言。

一不怕苦二不怕死的革命精神。

1935 年毛泽东在总结战略转移时感慨："十二个月光阴中间，天上每日几十架飞机侦察轰炸，地下几十万大军围追堵截，路上遇着了说不尽的艰难险阻。"这一生动的表述在湘江战役中体现得格外鲜明。

湘江战役是一场敌强我弱条件下的殊死搏斗，单纯对比这次战役的敌我力量，我军处于绝对劣势：只有 8 万多人，敌军近 30 万人，于我 3 倍有余；敌军实现了摩托化机动，有飞机大炮等重型武器，我军行军就靠两条腿，打仗主要靠步枪大刀手榴弹，几乎是以单一步兵来对抗敌人的步兵、骑兵、炮兵和空军的联合进攻。从这一方面看，很难想象我军在敌我力量如此悬殊的情况下能够创造出成功渡江的奇迹。

人是战争的决定因素，湘江战役雄辩地证明，红军可以依靠"勇敢加战术"，化战略被动为战役主动，以逐步积累的局部的优势最终实现了全局的胜势，特别是人的精神力量可以在一定程度上弥补武器装备上的劣势，足以把我军的血肉青年打造成无所畏惧、一往无前的钢铁战士。当一个个红军战士挺起胸膛、咬紧牙关、坚如磐石，他们所迸发出的力量将如一把永不弯折的钢刀始终刺向敌人的胸膛。这种强大的精神力量，归结起来就是"一不怕苦、二不怕死"的革命精神。

艰苦奋斗是人民军队的本色。湘江战役前夕，由于担心队伍庞大暴露行踪，也为了避免敌人有效发挥摩托化机动和大火力攻击的优势，红军只能在深山密林小路悄然行进。即便如此，敌人仍能嗅到红军行踪，像狗皮膏药一样紧贴在红军后面。可以说，红军将士们同时面对着恶劣自然环境和紧张敌情形势的双重考验，风餐露宿、日晒雨淋，连日奔袭、连续作战，顾不上吃饭睡觉，甚至行军途中站立着睡着都是常有的事。

时任红一方面军干部团政治教员的成仿吾后来回忆道：

途中不许说话、不许点火，不让携带的东西发出响声，如果前后失去联络，规定了拍掌办法。各单位都在有岔道处放了自己的路标，或者用树枝等把岔道卡断（由后卫把路标收回）。如有人前后距离拉得太远，总是低声叫他"跟上"。遇很暗的夜间，每人还在脖子或臂上缠一白布条，以

丰　碑

便容易看出。夜行军是使人非常疲倦的事情，有的人往往离队去大便（规定在道路三十步以外），久不回来，派人去找的时候，他却在那里蹲着睡糊涂了。

进了湖南境内的时候，因天气阴雨，多在白天行军。但道路泥泞，容易滑倒，一下能滑走十几步，大家把这叫作"坐飞机"，这时候常有人唱兴国山歌：

"哎呀来，

同志哥的飞机好快哎！"

这样常常引起了大家哄笑一阵，倒减轻了行军的疲劳。

……

前面传下命令来，就在这里宿营，明天拂晓上山。这二尺来宽的小道上怎么睡觉呢？一不小心，不就从这山脊跌到山下去了吗？没有办法，只好各人打开毯子裹在身上，顺着山坡躺下，或者背靠一棵树坐着，把眼闭起来，实际上身体很疲倦，也就很快睡着了。[1]

战斗进行时，战场环境之恶劣、形势之危险、敌人之强大，都是难以想象的。可以说，红军将士们时刻游走在

---

[1] 成仿吾：《长征回忆录》，人民出版社 1977 年版，第 31—33 页。

生与死的边界，只要在阵地一刻，就要做好与死神见面的准备。由于红军在远距离火力上远逊于国民党军，只好通过近距离的搏杀来缩小火力上的不足，因此多是隐蔽待机，等敌人临近再用机枪步枪还击。有时候枪械不足、弹药打光，就只能用大刀、刺刀、长矛冲锋，直接用这种最古老、最残酷的冷兵器式的白刃格斗，与敌人面对面地厮杀，这种方式最考验的就是勇气、就是精神。陈树湘断肠就义，红34师血战到最后一人，红6师第18团两千将士舍生成仁，数万红军将士长眠江畔……无数悲壮的事实都在讴歌着红军将士不怕牺牲的革命英雄主义精神。

渡江过程中，敌人从未停止过狂轰滥炸，有红军战士回忆，当时敌人的战机不断俯冲投弹、扫射，由于我军没有强大的防空火力，只能依靠机枪步枪打飞机，很难给敌机造成大范围的伤害，敌人简直有恃无恐，压低到几乎触到江面，机腹上的青天白日徽章清晰可辨。江中巨大的水浪此起彼伏，不断有人沉下去，不断有尸体、枪支翻上来，整个湘江血水茫茫。

红九军团第9团的萧新槐也对渡江的艰险情景记忆犹新：

丰　碑

在罗炳辉、蔡树藩的指挥下，我们分成10路纵队，沿着大路向湘江岸边跑步前进。我率九团奋勇奔跑，无一人掉队。部队在跑步前进时，敌人的炮弹不断从头上呼啸而过，但战士们顾不了这些，大家只有一个念头，就是尽快渡过湘江。当我率领部队到达湘江东岸渡口时，国民党部队已从全州、灌阳、兴安三面逼进，密集的炮火映红了漆黑的天空。在那寒冷冬夜，水冷刺骨，可红军干部、战士不怕寒冷。我大声命令："同志们，我们要肩并着肩，手拉着手，要死一块儿死，要活一块儿活，谁也不能丢掉谁！打过湘江去，开辟新战场！"部队分成十几路纵队，我第一个下水，战士们举起武器和衣物，一个接着一个跳入江中。追击的敌人越来越近，炮弹不时落在江面上，掀起高高的水柱。"快跟上，别松手！"我冲在最前面，不时转过头来招呼身后的战友们。"轰！轰！"两个炮弹落入江中，紧接着几个恶浪打过来，眼看着一个排的战士被淹没在滔滔江水中。经过血战，我团迅速抢占西岸沿江高地，掩护后续部队渡江。①

---

① 《军嫂》杂志社编著：《跟着信仰走：我们家的长征故事》，人民出版社2016年版，第117页。

这种革命精神后来在社会上引起很大反响。有人这样称赞红军："在你们身上寄托着人类的光荣和幸福的未来，只要想到你们在中国那样无比的白色恐怖的进攻下，英勇的、顽强的浴血苦斗的百折不回的精神，就是半身不遂的人也会站起来笑！"就连敌人也为红军这种精神所折服，当时负责"追剿"的国民党第15师师长王东原感叹：我军一切成分均较红军为优，惟忍劳耐苦精神尚不如红军。

正是我们这些看似弱小的战士，在敌人的铁壁合围中杀出一条血路，以血肉之躯勇敢地抵挡着敌人的凶猛炮火，为红军渡江撑开了一条安全通道。许多指战员为了革命事业、为了胜利前途、为了兄弟战友，放弃了生的希望，可以说，我们可爱的战士们对党和革命事业是毫无保留的，他们所展现出的勇敢无畏、视死如归的英雄气概和革命精神，是湘江战役带给我们的宝贵精神财富。

团结群众依靠群众的人民情怀。

毛泽东曾说过："共产党员是一种特别的人，他们完全不谋私利，而只为民族与人民求福利。他们生根于人民之中，他们是人民的儿子，又是人民的教师，他们每时每刻地总是警戒着不要脱离群众，他们不论遇着何事，总是以群众的利益为考虑问题的出发点，因此他们就能获得广大人民群众的衷心拥护，这就是他们的事业必然获得胜利的根据。"这段话深刻诠释了党的初心、红军的使命。

红军指战员绝大多数出身贫苦农家，本身就是农民子弟，与农民有着天然的联结，对贫苦百姓有着深厚感情。他们在湘江战役前后，严格执行各项纪律规定，充分发挥了"宣传队""播种机"的作用，采取各种形式积极宣传、践行党的政治主张和群众政策，使沿途百姓了解到中国共产党是有崇高理想和坚定信念的政党，是救国爱民的政党，是政治团结、作风顽强，与群众血肉相连的政党，并不是国民党反动派恣意造谣、诽谤的"土匪""强盗"。所有指战员战役期间身体力行，用真挚的热情关怀帮助群众，为他们送钱治病，并在沿途为群众打击土豪恶霸，将豪绅地主反革命的财产、衣服、用具、米谷，发给当地群众，为群众争取利益，得到群众的热烈拥护。

军爱民，民拥军。人民群众也用实际行动回馈党和红军，倾尽全力帮助红军摆脱困境。战略转移前夕，我军兵力损耗严重、亟须补充。在紧急号召动员下，很短时间内队伍就得到了快速大幅的补充。红军前往湘江途中，经过了粤汉公路沿线的宜章县，红军将没收的土豪劣绅财物如粮食、猪肉、衣服散发给当地劳苦百姓，并且召开一系列工人大会宣传共产党的主张。百姓们在得知红军要来时就早早涌出城来欢迎，如亲人般为红军战士烧茶送水做饭，有许多人在倾听红军宣传后主动参加红军。成仿吾回忆："每个红军战士都遇到群众的亲切招呼。我们的政工人员号召大家参加红军，去打倒反动派，马上就有很多工人响应。他们大声地说：'同志！我参加！''同志！我也参加！'这样，红军马上就扩大了一批新战士。他们又自动地去带来了一些朋友，使得我们在不到两天的时间内，就扩大了几百名新战士。他们一个个兴高采烈地被编入了红军的队伍，从此走上了革命的道路。"时任红15师师长的彭绍辉也在11月28日的日记中写道："今日在行军途中扩大红军百余人，大多数是修马路的工人，情绪很高。"29日又写道："早饭后，我到警戒线上去看地形，并在警戒线附近地区扩大新兵二十余人。这一带群众生活很苦，向往红军。新兵成立了两个连。"

战役期间，广大群众尽其所能，出钱、出物、出力的数不胜数，许多还主动承担起运输员、卫生员的角色。在湖南郴州，当地为红军一次筹粮 12 万斤，草鞋两万多双，安置伤病员的草棚十余个，还主动组织起来摧毁国民党军架设的碉堡炮楼，国民党军指挥官王东原就感叹，红军"所经过的地方……一般清野设施未能彻底，坚壁更无论矣"，因此红军"沿途宿营给养毫无困难，得以从容西窜"。陈云在回忆录中也感慨："赤军之所以能突破重围，不仅在于有军事力量，而且在于深得民心。即如赤军进入湖南时，资兴、郴县、宜章一带，为昔年朱毛久经活动之区域，居民受共党之宣传甚深，故见赤军此次复来，沿途烧茶送水，招待赤军。我在行军时见每过一村一镇，男女老幼立于路旁，观者如堵……湖南农民之相信共党有如此之深，而且不是一处，在湖南以至全州附近渡过湘江时，所过城镇乡村，都是如此。"

在新圩阻击战中，龙桥村的30余名农民帮助红军熟悉地形，为红军送粮送药。在界首渡口，许多百姓直接加入红军工兵队伍，帮助修建渡桥。在太平村附近，30余名红军战士被围困深山里，瑶族同胞沈再德、沈再富一人冒死将数百名敌人引开，另一人则勇敢地带领红军战士躲进一个隐蔽山洞。随后，他们还为红军战士送来水和干粮，在敌人远去后，又引导红军战士抄小路追上大部队，成功脱离危险。

有的群众十分勇敢坚强，直至血洒战场、英勇牺牲。还有一位老红军赵汉卿，在长征初期担任红一方面军侦察科副科长。他曾深情回忆，湘江战役前，他在道县征召了5名民夫，红军请他们帮助抬伤员、挑粮食。湘江战役开始后，这5名民夫中有3人牺牲于敌机轰炸，另外2人受伤。其中一人身负重伤，肠子外露，赵汉卿急忙将他背到树下包扎伤口。民夫脸色苍白，掏出一块银元递给他，用微弱的声音说："红军同志，我不行了，你用这块银元另请民夫吧。"刚说到这，头一歪，就牺牲了。赵汉卿握着还有民夫体温和鲜血的银元，不禁泪流满面。红军征途艰险异常，这些普通百姓舍弃安稳生活，誓死追随，可见军民情至深。

　　这样的例子数不胜数，正是党和群众鱼水深情，为红军提供了源源不断的力量源泉。毛泽东说过，真正的铜墙铁壁是什么？是群众，是千万真心实意地拥护革命的群众。只要我们依靠人民，坚决地相信人民群众的创造力是无穷无尽的，因而信任人民，和人民打成一片，那就任何困难也能克服，任何敌人也不能压倒我们，而只会被我们所压倒。

　　　　　　　　　　　　　　　　　　　　　丰　碑

结　语

习近平总书记指出，人无精神则不立，国无精神则不强。精神是一个民族赖以长久生存的灵魂，唯有精神上达到一定的高度，这个民族才能在历史的洪流中屹立不倒、奋勇向前。红军长征是可歌可泣的英雄史诗，铸就了伟大的长征精神；湘江战役是长征中最为关键、最为悲壮的战役之一，也是最能体现长征精神实质、最能彰显长征精神力量的战役之一。为何红军能完成二万五千里长征这种看似不可能完成的伟业，长征初期的湘江战役其实已经给出了答案。伟大的湘江战役所凝结的精神，已成为长征精神的重要组成部分，深深融入了共产党人的红色基因和精神图谱，融入了中华民族的血脉和灵魂，成为社会主义核心价值观的丰富养料，成为鼓舞和激励中国人民不断攻坚克难、从胜利走向胜利的强大精神动力。

1934年底，党和红军进入"至暗时刻"，是党带领红军英勇地从死亡圈中冲出来。可以说，没有湘江边前仆后继的勇士，就没有党和红军的成长壮大，也就没有我们今天的幸福生活。每一个中华儿女都应重温湘江战役、重思英雄事迹，在党史学习教育中接受党性教育和灵魂洗礼，深刻缅怀为民族独立、人民解放而英勇奋斗的革命先辈和仁人志士，持续发扬长征精神，不忘初心、牢记使命，把先烈为之奋斗、为之牺牲的伟大事业奋力推向前进。

丰　碑

参考资料

1. 中国工农红军长征史料丛书编审委员会编:《中国工农红军长征史料丛书》,解放军出版社 2016 年版。

2. 中共中央党史资料征集委员会、中央档案馆编:《遵义会议文献》,人民出版社 2009 年版。

3. 中共中央文献研究室、中央档案馆编:《建党以来重要文献选编》,中央文献出版社 2011 年版。

4. 朱德:《朱德选集》,人民出版社 1983 年版。

5. 刘少奇:《刘少奇选集》,人民出版社 1985 年版。

6. 杨尚昆:《杨尚昆回忆录》,中央文献出版社 2001 年版。

7. 彭德怀:《彭德怀自传》,解放军文艺出版社 2007 年版。

8. 聂荣臻:《聂荣臻元帅回忆录》,解放军出版社 2005

年版。

9. 张震：《我的长征之路》，《军事历史》2006 年第 4 期。

10. 耿飚：《耿飚将军自述》，辽宁人民出版社 1998 年版。

11. 李天佑：《湘江边的较量》，《世界军事》2016 年第 1 期。

12. 成仿吾：《长征回忆录》，人民出版社 1977 年版。

13. 本书编辑组整理：《独臂上将彭绍辉日记》，军事科学出版社 2005 年版。

14. 黄克诚：《黄克诚自述》，人民出版社 2005 年版。

15. 纪学、曾凡华：《彭德怀元帅》，中国言实出版社 2018 年版。

16. 王云丽：《遵义会议参加者谈遵义会议》，白山出版社 2015 年版。

17. 中共桂林地委编：《红军长征过广西》，广西人民出版社 1986 年版。

18. 李世明：《殊死的较量——长征战役战斗》，国防大学出版社 2012 年版。

19.《军嫂》杂志社编著：《跟着信仰走——我们家的长征故事》，人民出版社 2016 年版。

20. 传泰：《血战湘江》，广西人民出版社 2011 年版。

21. 石海：《血战湘江》，《军事历史》2006 年第 2 期。

22. 叶介甫：《一代名将李天佑》，《军事文摘》2014 年第 5 期。

23. 吴珏：《长征初期，毛泽东与"左"倾错误的七次斗争》，《中国共产党》2007 年第 2 期。

24. 秦山标：《中央红军突破第四道封锁线的原因及教训》，《广西党史》2001 年第 4 期。

25. 吴新光：《"左"倾占统治地位时，中央红军何以突破国民党四道封锁线？》，《湖湘论坛》1996 年第 5 期。

26. 孔祥增：《国民党主体视野下的湘江战役》，《党史文苑》2009 年第 2 期。

27. 颜梅生：《红八军团：存在时间最短的红军部队》，《环球军事》2010 年第 10 期。

28. 颜梅生：《屡立奇功的红军"少共国际师"》，《党的生活》2015 年第 4 期。

29. 梁培、梁德武：《少共国际师从组建到撤编》，《军事史林》2011 年第 11 期。

30. 张小灵：《遵义会议后平反起用的十位红军将领》，《党史纵横》2014 年第 4 期。

后　记

　　我们永远不能忘记那些先烈的遗愿，他们的生命值得
被每个时代铭记。湘江战役结束后，面对牺牲的众多将士，
当时即便是极少流泪的人也泪如雨下。面对满山的尸体，
朱德总司令强调，我们一定要认识到今天这场战役的意义
所在，每一仗的胜负是与全局紧密相关的，从这个意义上
讲，湘江战役对当时红军的战略乃至今天仍具有重要启示。

　　湘江战役启示我们：核心是胜利之魂。长征途中，红
军将士同敌人进行了 600 多次战役战斗，湘江战役是其中
最惨烈、最悲壮、最关键之一，红军为此付出了沉重代价。
经此一战，中央红军从长征出发时的 8.6 万多人锐减到 3 万
多人。惨痛教训也充分暴露了"左"倾路线的错误，促使
红军战略转变和遵义会议召开。遵义会议确立了毛泽东同
志在党中央和红军的领导地位，开始形成以毛泽东为核心

　　　　　　　　　　　　　　　　　　　　　　丰　碑

的党的第一代中央集体领导，在最危急关头挽救了党、挽救了红军、挽救了中国革命。

湘江战役启示我们：革命理想高于天。正是因为红军是一支有理想信念的革命队伍，才能视死如归、向死而生、一往无前、绝境重生，迸发出不被一切敌人压倒而是压倒一切敌人的英雄气概。为什么中国革命在别人看来是在不可能成功的情况下成功了，其奥秘就在这里。在波澜壮阔的历史长河中，一代代中国共产党人怀着崇高的理想、坚定的信念、不屈的灵魂，几经挫折，不断奋起，历尽苦难而淬火成钢。远大的革命理想和信念，始终与共产党人如影相随，闪耀着火热的光芒。

湘江战役启示我们：只有正确思想指引才能取得伟大胜利。方向决定道路，道路决定命运。党的百年辉煌成就充分证明，正确思想指引至关重要，革命道路再曲折，只要有了正确的思想指引，就一定能够取得最后胜利。湘江战役之后，中央红军认真总结经验教训，通过多次会议，逐渐统一思想认识，为中央红军在政治上、思想上、组织上奠定了思想基础。正是在正确思想指导下，中国共产党和红军才找到了光明的方向。党的历史证明，政治方向关乎党的前途命运和事业成败，如果方向上出现偏差，就会犯颠覆性错误。

湘江战役启示我们：只有勇于胜利、勇于突破、勇于牺牲才能克敌制胜。湘江战役是我们党不畏强敌、不惧风险，敢于斗争、勇于胜利的一个缩影，这既是我们党鲜明的风骨和品质，也是党和人民不可战胜的强大精神力量。党和人民取得的一切成就，不是从天上掉下来的，也不是别人恩赐的，而是通过不断斗争取得的。我们党从最初50多人的组织，发展成为拥有9800多万名党员、领导着14亿多人口大国、具有重大全球影响力的世界第一大执政党，离不开挺身而出的斗争精神。

湘江战役启示我们：人民是夺取胜利的力量之源。湘江战役得到了人民群众的大力支持，各族群众舍生忘死为红军带路、架桥、救护伤员、收留遗落红军，成为帮助红军胜利突破湘江的坚强后盾。我们党的历史，就是一部践行党初心使命的历史，就是一部党与人民心连心、同呼吸、共命运的历史。党团结带领人民进行革命、建设、改革，根本目的就是为了让人民过上好日子，无论面临多大挑战和压力，无论付出多大牺牲和代价，这一点都始终不渝、毫不动摇。党的根基在人民、血脉在人民、力量在人民，人民是党执政兴国的最大底气。

丰　碑

青山慰忠魂，阔步新时代。在 80 多年后的今天，湘江战役的重大意义和伟大精神，早已镌刻在每一位国人的心中，并激励人们前行。正如习近平总书记所说——

"无论我们走得多远，都不能忘记来时的路。"

吴清丽

2023 年 7 月

图书在版编目(CIP)数据

丰碑:湘江战役纪实/吴清丽,袁博,吴笛著. —
上海:上海人民出版社,2023
ISBN 978 - 7 - 208 - 18355 - 1

Ⅰ.①丰…　Ⅱ.①吴…②袁…③吴…　Ⅲ.①湘江战
役(1934)-史料　Ⅳ.①E297.23

中国国家版本馆 CIP 数据核字(2023)第 114196 号

责任编辑　沈骁驰
封扉设计　人马艺术设计·储平

丰　碑
——湘江战役纪实
吴清丽　袁　博　吴　笛　著

出　　　版　上海人民出版社
　　　　　　(201101　上海市闵行区号景路 159 弄 C 座)
发　　　行　上海人民出版社发行中心
印　　　刷　上海中华印刷有限公司
开　　　本　890×1240　1/32
印　　　张　6.5
插　　　页　7
字　　　数　100,000
版　　　次　2023 年 9 月第 1 版
印　　　次　2023 年 9 月第 1 次印刷
ISBN 978 - 7 - 208 - 18355 - 1/D·4147
定　　　价　42.00 元